오십의 주역공부

오십의 주역공부

다산처럼 인생의 고비에서 역경을 뛰어넘는 힘

김동완 지음

다산
초당

오십, 진정한 어른을 만나고 싶은 당신에게

한국인이라면 한 번쯤 다산 정약용에 대해 들어봤을 것이다. 내가 처음 다산에게 관심을 두게 된 것은 고등학생 때였다. 그 무렵에 무슨 생각인지 모르겠지만 우연히 서가에 꽂힌 《목민심서(牧民心書)》를 발견하고 읽기 시작했다. 내가 책을 산 기억이 없으니 아마도 대학에 다니고 있던 형들 가운데 한 명이 사놓은 책이었을 것이다.

별다른 기대 없이 읽었는데 의외로 재미있었다. 집에서만 읽기에는 감질이 나서 쉬는 시간에도 읽으려고 학교에 들고 갔다. 당시만 해도 선생님이 수시로 학생의 가방을 뒤졌다. 불시에 검사를 받았는데 담배, 만화, 성인 잡지가 나오면 당장에 물건을 압수당하고 엄하게 벌을 받곤 했다.

그날도 담임선생님이 갑자기 가방을 검사했다. 모두가 책상 위에 올라가서 무릎을 꿇었고 선생님은 한 명, 한 명의 가방을 샅

샅이 뒤졌다. 내 가방을 살펴보던 선생님은 《목민심서》를 꺼내더니 책 모서리로 내 머리를 툭 쳤다.

"이 책은 압수다. 졸업식 때 찾으러 와."

지금도 그렇지만 그때도 학교에서는 입시 성적이 제일 중요했다. 보라는 문제집이나 참고서는 보지 않고 《목민심서》를 읽고 있는 내가 선생님이 보기에는 한심했을 터이다. 몇 번이나 돌려받으려고 빌었지만, 소용없었다. 그러다가 선생님께서 갑자기 다른 학교로 전근을 가시면서 나는 영영 책을 돌려받지 못했다.

나는 대학교에 입학한 후 그의 책을 차례대로 탐닉하면서 다산에게 점점 매혹되었다. 다산의 학문적 세계와 사상의 폭은 깊고 넓고 아득하여 도무지 끝이 보이지 않았다.

아무리 책을 읽어도 다산의 학문과 사상을 이해하기 쉽지 않았다. 나는 무엇이든 하나에 관심이 가기 시작하면 수집광이 된다. 그래서 다산의 책과 논문을 모조리 사들였다. 서점에 있는 다산의 책이란 책은 다 사고 국립중앙박물관에서 검색되는 논문도 살 수 있는 건 전부 다 샀다.

다산의 유명세와 비례해서 그의 저서는 시중에 꽤 많이 출간됐다. 다산의 사상을 소재로 좋은 책이 이미 많은데 다산의 책을 출간한다는 결정이 쉽지 않았다. 다산은 내가 가장 존경하고 좋아하는 학자이자 사상가라서 언젠가는 그에 관한 책을 출간하겠다고 생각했다. 하지만 대학원 박사 과정에서 다산을 연구한 이후에도 다산을 읽고 연구만 할 뿐 직접 책을 쓰지 못하고 있었다. 그러던 중에 이제야 다산의 사상과 삶 속에서 운명학에 얽힌 흔적을 찾아서 책으로 펼쳐본다.

과골삼천(踝骨三穿)이라는 말이 있듯 다산은 복사뼈에 구멍이 세 번이나 날 만큼 정좌한 채 학문에 몰두했고 평생 500여 권의 저서를 남겼다. 그런 다산에게 누가 되지 않았으면 하는 마음이 간절하다.

언젠가부터 지위 있는 자, 권력 있는 자, 재물 있는 자는 있어도 진정한 어른이 없는 세상이 되었다. 서점가에도 돈 잘 버는 법, 부자 되는 법, 명예를 얻는 법을 알려주는, 돈과 권력을 위한 책이 많은데 사람다움을 이야기하는 책은 찾아보기 힘들다. 어른은 사라지고 돈과 권력이 어른의 말씀 대신 우리의 머리와 가슴에 자리 잡았다.

"네가 말하기를 나는 사서육경을 안다고 하였으나 그 실천한 바를 생각해보면 어찌 부끄럽지 않으랴, 너야 명예를 널리 퍼뜨리고 싶겠지만 찬양이야 할 것이 없다. 몸소 실행하여 증명시켜 주어야만 널리 퍼지고 이름이 나게 된다. 너의 뜻 섞여 어지러운 것을 거두어들이고 너의 분별없이 함부로 날뜀을 그쳐서 부지런히 실천하기에 힘쓴다면 마침내 경사가 있으리라."

다산 정약용이 쓴 《자찬묘지명(自撰墓誌銘)》의 일부이다. 어른은 곧 실천하는 자이다. 아무리 거대한 사상과 지식을 갖고 있더라도 자신의 금은보화를 얻기 위해서 이익을 탐하고 일확천금의 꿈에서 벗어나지 못한다면 어른이라 할 수 없다. 자신의 사상과 지식을, 세상을 위해서 사용하는 이가 진정한 어른이다.

나이를 먹을수록 나이에 맞게 더욱 지혜로워지고 현명해질 거 같지만 그렇게 되기가 쉽지 않다. 세상의 유혹과 잣대에 휘둘리고 나를 세우고자 했으나 좌절된 적이 얼마나 많았던가?

가톨릭의 김수환 추기경님, 불교의 성철 스님, 법정 스님, 기독교의 문익환 목사님, 기독교인이지만 무교회주의자 함석헌 선생님, 언론인 이영희 선생님…. 우리 곁에는 참 많은 어른이 있었다.

다산을 읽고 연구하면서 나는 시대의 어른을 다시 만났다. 어른이 없는 시대를 사는 현대인에게 진정한 어른인 다산을 소개하고 싶다. 그래서 이 책을 쓰면서 다짐한 바가 있다. 앞으로도 시대의 정신을 지켜주는 어른을 소개하고 그의 사상을 새 시대에 맞춰서 재해석하고 싶다.

사이불망자수(死而不亡者壽), '죽어도 잊히지 않는 사람이 오래 산다'는 뜻이다. 어른은 바로 죽어도 잊히지 않고 오래오래 기억

되는 사람이다. 200년 전 돌아가신 다산 정약용이 바로 그 어른
이었고 나의 스승인 무위당 장일순 선생님 또한 시대의 어른이
다. 오늘따라 그분들이 무척 그립다.

2022년 5월
저자 김동완

프롤로그 | 오십, 진정한 어른을 만나고 싶은 당신에게 · 4

1장·새로운 나로 바로 선다는 것
: 인생이 안 풀린다고 느낄 때 괘를 알면 내가 보인다

:: 이 시련 또한 지나간다 | 택수곤(澤水困) · 15

:: 때로는 행동하지 않는 게 득이다 | 중산간(重山艮) · 23

:: 삶이 너무 무거우면 잠시 멈추고 돌아보라 | 지뢰복(地雷復) · 29

:: 옳지 않은 이로움을 욕심내는 건 위험하다 | 천뢰무망(天雷无妄) · 34

:: 때를 기다리며 매일 정진하라 | 수뢰둔(水雷屯) · 41

:: 미련도 간섭도 모두 버려라 | 수뢰둔(水雷屯) · 48

:: 강한 자일수록 몸가짐을 바르게 한다 | 뇌천대장(雷天大壯) · 56

:: 노력하는 사람은 시련조차 이긴다 | 중지곤(重地坤) · 65

:: 간절한 마음으로 본다는 것 | 풍지관(風地觀) · 72

:: 순리대로 살면 바라던 삶이 온다 | 천뢰무망(天雷无妄) · 81

:: 평생 한 번은 자신만의 기회가 온다 | 뇌화풍(雷火豊) · 87

2장·정해진 운명을 넘어선다는 것

: 흔들리지 않는 중심을 잡고 싶을 때 괘를 알면 사람이 보인다

:: 운명을 따른다는 것의 진정한 의미 | 중뢰진(重雷震) · 97

:: 지혜로운 사람과 함께하라 | 지화명이(地火明夷) · 107

:: 평생 따르고 싶은 스승이 있다는 것 | 지수사(地水師) · 114

:: 자신을 낮추어 행하면 해결된다 | 천택리(天澤履) · 124

:: 작은 것을 주어야 큰 것을 얻을 수 있다 | 지천태(地天泰) · 134

:: 뒷담화를 삼가라 | 화뢰서합(火雷噬嗑) · 144

:: 이별은 새로운 시작이다 | 중화리(重火離) · 150

:: 진심을 다하면 통한다 | 택산함(澤山咸) · 157

:: 버리고 나눌수록 홀가분해진다 | 산택손(山澤損) · 163

:: 해결하고 싶으면 평화부터 찾아라 | 뇌수해(雷水解) · 171

:: 크게 생각하라 | 화천대유(火天大有) · 177

:: 살아갈 날들을 위해 대비한다 | 뇌지예(雷地豫) · 189

3장·살아갈 인생의 이치를 깨닫는다는 것

: 어제와 다른 내일을 만들고 싶을 때 괘를 알면 세상이 보인다

:: 위를 덜어내고 아래에 보태라 | 풍뢰익(風雷益) · 205

:: 사람과 자연이 조화로운 곳이 명당이다 | 수풍정(水風井) · 211

:: 자연에 감사하는 마음으로 살아라 | 중감수(重坎水) · 217

:: 과감하게 행동하여 주저함이 없어라 | 택화혁(澤火革) · 222

:: 품격 없이는 운도 없다 | 천뢰무망(天雷无妄) · 229

:: 리더는 함부로 행동하지 않는다 | 중천건(重天乾) · 234

:: 쉼 없이 굳세어라 | 중천건(重天乾) · 242

:: 조화를 이루면 아름답다 | 중곤지(重坤地) · 246

:: 끊임없이 지혜를 구하면 늙지 않는다 | 산수몽(山水蒙) · 254

:: 죽을 때까지 공부해야 하는 이유 | 산수몽(山水蒙) · 260

:: 크게 지나침은 바로잡아라 | 택풍대과(澤風大過) · 265

에필로그 | 《주역》을 새롭게 읽어야 할 때 · 270

추천사 · 275

부록 · 《주역사전》 깊이 읽기 · 277

우주의 원리를 담은 최고의 경전, 《주역》 | 《주역》 64괘 소개

일러두기 ———————————

책 제목은 겹화살괄호(《》), 그림이나 노래와 같은 예술 작품의 제목은 홑화살괄호(〈〉),
영화, 공연, 방송 프로그램 등의 제목은 홑낫표(「」)를 써서 묶었습니다.

1 장

새로운 나로 바로 선다는 것

: 인생이 안 풀린다고 느낄 때 괘를 알면 내가 보인다

이 시련 또한 지나간다

택수곤
澤水困

어렵고 힘든 상황은 형통하고 바르게 해도 대인이라 길하고
허물이 없으니 말이 있으면 믿지 아니하리라.

다산은 요즘 말로 하면 '인생 꼬인 엄친아'였다. 가문으로 보나 개인으로 보나 그는 당대에 가장 전도유망한 청년이었다. 정약용의 집안은 이른바 팔대옥당(八代玉堂)이라 불린 명문가였다. 이 집안은 학문이 높은 사람만 될 수 있다는 홍문관 관리를 8대 연속으로 배출해서 그렇게 불렸다.

다산은 스물두 살에 소과(小科) 시험인 생원시에 합격하고 스물여덟에는 대과인 문과에 급제했다. 20대에 대과까지 합격하는 경우는 흔치 않았다. 오늘로 치면 국방부 국장인 병조참의, 대통령 비서를 역임하며 성공 가도를 달렸다고 보면 된다. 여기에 정조 임금의 신임까지 얻었으니, 요즘 시대로 말할 것 같으면 엄친아, 또는 모든 면에서 뛰어난 사기 캐릭터가 아닐 수 없다.

그런데 일찍이 너무 잘나간 탓일까? 서른아홉 살 때부터 다산의 인생이 꼬이기 시작했다. 그를 총애하던 정조 임금이 갑자기 승하한 게 발단이었다. 얼마 뒤 순조 1년 2월 8일(1801년 3월 21일)에 의금부 관리들이 다산을 체포하러 들이닥친다. 천주교 신자로서 활동한 이력이 죄가 되었다. 그런데 이는 다산에게 죄를 뒤집어씌우기 위한 허울 좋은 명분에 불과했다. 본질은 정치적으로 탄압하고자 했다. 다산과 둘째 형인 정약전은 유배를 떠나고 셋째 형인 정약종과 매형인 이승훈은 사형을 당했다. 명문가로 이름이 드높았던 집안이 하루아침에 풍비박산이 난 셈이다.

이후로 다산은 무려 18년간이나 유배 생활을 이어갔다. 그는 지금의 포항시인 장기현과 전라도 강진군에서 갇혀 지냈다. 그가 1801년 강진으로 유배를 떠날 때 그의 나이는 고작 마흔이었다. 탁월한 두뇌로 왕성한 활동을 이어왔고 얼마든지 조정에서 활약할 수 있을 때 세상에서 추방되어 혼자 격리당한 셈이다. 다산은 그 시간을 어떻게 견뎌냈을까?

유배지에서 《주역(周易)》을 만나다

아는 사람 하나 없는 강진에 도착했을 때 현지인들은 다산을 외면했다. '죄인이 유배 왔다'는 소문이 마을에 파다하게 퍼졌고 그를 보고 도망치는 사람도 적지 않았다. 다산은 요즘 말로 표현하자면 '정신승리'로 기나긴 유배를 견뎌냈다. 모두가 다산의 집안이 망하고 그의 인생이 나락으로 떨어졌다고 여겼지만, 그는 자신의 실패를 실패로 인정하지 않았다. 다산 자신도 인생이 꼬였다는 생각을 왜 하지 않았겠는가? 그런 불안과 두려움에 맞서고 자신에게 닥친 문제를 해결하는 게 급선무라 보고 그는 마음부터 정비했다. 말할 상대조차 없는 상황에서 그를 붙들어준 특별한 학문이 바로 《주역》이다. 《주역》과 만나지 못했다면 유배 이후 다산의 삶은 지금 전해지는 것과는 크게 달라졌을지도 모를 일이다. 그렇다면 다산이 수많은 경전과 철학서 가운데 《주역》을 선택한 이유가 뭘까? 여러 가지 이유가 있겠지만 가장 먼저 《주역》이 난해하다는 이유를 꼽을 수 있다. 실제로 다산은 1803년 늦봄에 벗에게 보내는 편지에서 《주역》에 관한 그의 생각을 이렇게 썼다.

"《주역》을 바라보기만 해도 기가 꺾여서 탐구하고자 하면서도 감히 손도 대지 못한 것이 여러 번이었다. 눈으로 보는 것, 붓으로 기록하는 것부터 밥을 먹고 변소에 가며, 손가락을 놀리고 배를 문지르는 것에 이르기까지 어느 하나도 《주역》 아닌 것이 없었다."

내로라하는 천재들 가운데서도 최고로 꼽히는 다산조차 기가 꺾일 정도로 어려운 책이기 때문에 유배지에서 오랜 시간을 보내야 하는 그에게 도전 의식을 불러일으켰을 가능성이 크다.

그전까지 다산은 《주역》을 머리로 이해하려고 했으나 일생일대의 시련과 맞닥뜨림으로써 《주역》과 다시 만난 셈이다.

《주역》의 해괘처럼 문제를 잘 해결하고자 마음의 평화부터 이뤄낸 것이다. 그는 자신이 실패한 게 아니라 그저 일시적으로 풍파를 만났을 뿐이라 여겼다. 숱한 인생의 길흉화복 가운데 하나, 무수한 고난과 역경 가운데 하나와 맞닥뜨렸을 뿐이라고. 오직 직면한 상황을 피하지 않고 굳건한 마음으로 오롯이 받아들이고 느낄 때 인생의 이치를 깨달을 수 있다.

유배 생활을 하며 다산이 선택한 길은 학문과 저술이었다. 조정에서 관료로 일할 때 느꼈던 바를 학문적으로 정립했다. 자유가 보장되지 못하는 조정에서와 달리 고독한 와중에도 24시간을 마음대로 쓸 수 있는 유배 생활을 수양의 기회로 삼았다. 학문을 향한 애정과 꺼지지 않는 열정으로 주어진 시간을 허투루 쓰지 않으며 마음을 굳건하게 지켜나갔다.

지금도 다산의 삶을 톺아보면서 새삼스럽게 놀란다. 귀한 신분으로 명문가에 태어나 너무나 영특하고 잘나서 역경이라고는 겪어본 적 없는 엄친아가 어떻게 운명을 받아들이고 고통을 견뎠을까? 그것은 다산의 학문이 깊고 인격이 성숙한 덕도 있겠지만 아무리 봐도 그의 타고난 성정이 긍정적이라서 가능했던 일이라고 짐작된다. 타고난 긍정성이 아니고서야 한자가 생긴 이래 가장 많은 500권의 엄청난 저술을 쓰는 결과를 이뤄낼 수 없었을 것이다. 또한 책상다리를 하고 앉아서 복사뼈에 세 번 구멍이 났을 정도로 열정을 쏟아부었기 때문에 가능한 일이었다.

다산은 중앙정계에 복귀하려고 애쓰거나 정부를 비난하며 반정부운동을 벌이지도 않았다. 유배당한 선비라는 자신의 처지에서 최선을 다했다.

다산의 대표작으로 《경세유표(經世遺表)》, 《목민심서(牧民心書)》, 《흠흠신서(欽欽新書)》가 전해진다. 그중에서도 지방관리의 횡포와 백성의 생활상을 목격하면서 수령들에게 업무 지침을 내리고 사회개혁을 주장한 《목민심서》는 오늘날에도 시사하는 바가 크다. 2012년에 다산은 장 자크 루소, 헤르만 헤세와 더불어 한국인 최초로 유네스코 세계문화인물로 선정되기도 할 정도로 그의 다양한 저작 속에 스며든 위대한 정신은 지금까지도 아시아가 낳은 최고의 실학 정신으로 칭송받고 있다.

인생을 돌아볼 나이, 오십

다산은 18년의 오랜 귀양살이를 하는 동안 대부분 육경(六經)과 사서(四書)에 대한 해석을 거의 완성하고 나서 자신의 삶을 다스리는 데 도움이 되리라 여겨 《소학(小學)》으로 밖을 다스리고, 《심경(心經)》으로 안을 다스리고자 하였다.

멸문지화에 가까운 재앙을 당한 다산이 마지막 순간까지 마음을 다스리려고 본 책이 주자의 제자인 송나라의 진덕수가 편찬한 《심경》이었고, 그 책을 통해 몸으로 체험하여 스스로 경계하는 내용으로 쓴 책이 《심경밀험(心經密驗)》이다. 기나긴 유배 생활과 폐족 등의 고난을 오히려 세속의 길에서 벗어나 진정한 학문을 할 수 있는 수양으로 생각한 다산은 40대 후반까지 《주역》을 집대성한 《주역사전(周易四箋)》, 《역학서언(易學緖言)》을 통해 《주역》 공부에 최선을 다하고 고전의 핵심을 편집해놓은 《심경》을 놓고 공부한다. 《심경》 37편 중에도 《주역》은 5편이 들어가 있다.

다산은 마흔에 육경과 사서 해석을 완성하고 특히 마흔 중후반에 긴 시간 심혈을 기울여 《주역》을 집대성한 후 50대에도 사서육경을 연구하고 궁구했다. 강진에서 유배 생활을 하던 그가 54세 되는 해인 1851년에는 《심경밀험》이란 책을 썼다. 아래는 이 책의 서문이다.

"내가 궁핍하게 일 없이 살면서, 육경과 사서를 이미 여러 해 동안 연구하고 공부하였다. 그 하나라도 얻은 것이 있으면 설명을 달아 기록해서 갈무리해두었다. 이제야 그 독실하게 행하는 실천 방법을 찾았다. 오직 《소학》, 《심경》은 여러 경전 중 최고가 되겠다.

두 권을 통해 배우며 마음을 잠그고 힘써 실천함에 《소학》으로 그 밖을 다스리고, 《심경》으로 그 내면을 다스린다면 성인이 가신 길을 거의 바랄 수 있겠다. 다만 내가 일평생 거꾸로 뒤집혀서 노년이 되어 갚으려니 여기에 달려 있지 않겠느냐? 《소학지언》은 옛 주석을 보충한 것이고 《심경밀험》은 내 몸에 스스로 경계하여 징험한 것이다. 지금으로부터 죽는 날까지 마음을 다스리는 방법에 힘을 다하고자 뜻을 두니 경전을 궁구하는 공부는 《심경》으로써 맺어야 한다. 아! 능히 실천할 수 있는가?"

_가경(嘉慶) 을해(乙亥) 중하(中夏) 1815년 음력 6월 말일에 다산 동암에서 쓰다

다산은 불혹의 전쟁 같은 삶과 치열한 학문적 연구를 마치고 50대에 비로소 자신의 외면과 내면을 돌아보는 여유를 가지게 되었다. 어떤 시련이 와도 정신은 절대 굴복하지 않았고 그 정신을 갈고닦아 자신을 완성했다.

오십에는 공부가 어느 정도나 무르익을 수 있을까?
오십에는 세상의 이치를 깨달을 수 있을까?
오십에는 삶의 원리를 이해할 수 있을까?
오십에는 인생이 어디서 와서 어디로 가는지 알 수 있을까?

우리가 겪는 고난이 다산의 그것과 닮았다면 지금 우리에게도 다산의 지혜가 필요하다. 모두가 혼란스럽고 휘청이는 가운데서도 흔들리지 않는 마음을 가진 이는 앞을 향해서 묵묵히 걷는다. 힘든 상황에서도 자신을 지키고 앞을 헤쳐나가는 사람이 성공에 한 걸음 더 가까워진다. 200년 전 18년을 유배지에서 보내야 했던 다산의 철학을 지금 우리가 배워야 할 때다. 《주역》은 지나온 삶을 반추할 기회를 주고 앞으로 살아갈 날들을 위한 용기를 줄 수 있을 것이다.

때로는 행동하지 않는 게 득이다

중산간
重山艮

그 등에 멈추면 그 몸을 얻지 못하며 그 뜰에 다녀도
그 사람을 보지 못하니 허물이 없느니라. 타인의 것을 욕심내지 아니하고 멈추면
상대의 것을 얻지 못하겠지만 상대의 중요한 부분을 함께해도
경계를 하지 않는 것이요 허물도 없는 것이다.

고스톱을 즐기지는 않지만, 화투에서도 교훈을 얻을 수 있다. 내가 3점이 났을 때 상대방이 곧 3점 이상 얻으리라 예상되면 반드시 멈춰야 한다. 아무리 좋은 패를 들고 있더라도 말이다. 무리해서 '고(go)' 하면 옆 사람 것까지 물어줘야 하는 바가지를 쓰게 된다. 반면 상대방이 3점 이상을 얻을 가능성이 작다고 보이면 과감하게 '고'를 외쳐야 한다. 좋은 기회가 왔을 때 위험을 감수하고 기회를 잡아야 한다.

'면접 본 회사에서 오라고 할 때 이직할걸…'.

'그때 집을 샀으면 지금 얼마야?'

기회를 놓치고 나서 후회해도 아무 소용이 없다.

톨스토이가 쓴 단편소설《사람에게는 얼마만큼의 땅이 필요한가》를 보면 욕심을 억제하지 못해서 죽은 농부의 이야기가 나온다. 농부는 땅을 갖기를 간절히 원했다. 그 농부가 어느 날 지주로부터 눈이 번쩍 뜨일 소리를 듣는다.

"온종일 달려 돌아온 넓이만큼 농토를 가져도 좋소."

농부는 신이 나서 힘차게 달렸다. 오후에는 돌아가야 해지기 전에 원래 출발점으로 돌아갈 수 있는데, '조금만 더 조금만 더…' 하다가 거의 저물녘이 됐고 결국 그는 있는 힘을 다해 출발점으로 달렸다. 하지만 무리하게 달린 탓에 그는 숨이 막혀 죽고 말았다.

욕심이나 욕망이 무조건 다 나쁜 건 아니다. 반드시 가져야 할 욕심이나 욕망이 있다. 나의 욕심과 욕망을 충족시켜도 남에게 피해를 주지 않거나 사회와 나라 같은 공동체의 이익을 크게 키운다면 그것은 건강한 욕망이다. 이런 공익을 위해선 적극적으로 행동해야 한다. 그러나 남에게 해를 입히는 욕심은 멈추어야 한다. 우리가 원하는 것을 이루기 위해선 멈출 줄 아는 지혜가 필요하다.

절제할 줄 아는 자가 지혜롭다

그렇다면 언제 욕망하고 언제 절제해야 탈이 없을까?《주역》
에서는 이 질문에 답을 구하는 괘가 있는데 바로 간괘이다.

간괘의 상하괘를 보면 모두 간(艮)으로 나가지 못하고 답답하
다. 그래서 괘의 이름 역시 나가지 못해 멈추고 있어서 간괘(艮
卦)라고 지었다. 물은 흐르다 막히면 멈추고 무리하게 나아가려
하지 않는다. 고여 있다가 넘쳐흐를 수 있을 때 다시 흐른다. 사
람도 앞이 막히는 상황에 봉착하면 정지해 있다가 그것을 넘을
수 있는 상황이 됐을 때 나가야 한다는 것이 간괘의 가르침이다.

간괘의 상황은 두 개의 험난한 산을 넘어야 하는 나그네의 신
세와 비슷하다. 한 고개를 넘어 겨우 한숨을 돌리고 있는데 또다
시 앞을 가로막는 험난한 고개를 만난 상황이다. 이럴 때는 모든
욕심을 버리고 마음을 비우며 지금은 적절한 시기가 아니니 때
를 기다려야 한다.

간괘 괘사를 더 구체적으로 살펴보면 '간기배 불획기신 행기
정 불견기인 무구(艮其背 不獲其身 行其庭 不見其人 无咎)'라고 풀이

한다. 이는 '간은 등에서 멈추니 그 몸을 얻지 못하고 뜰을 걸으면서도 그 사람을 보지 못하나 허물은 없다'라는 뜻이다. 간이 등에서 멈춘다는 게 무슨 뜻일까? 사람의 신체 중에서 손, 발, 눈, 입, 머리 등은 조금씩이라도 움직이는 부위인데 그에 반해 등은 거의 움직이지 않고 몸을 지탱한다. 그래서 간을 우리 몸의 등으로 빗댄다.

사람은 욕망을 채우기 위해서 움직인다. 걸어 다니고 먹고 뛰는 게 다 욕망 때문이다. 반면에 등이 움직이지 않는 건 욕망이 없다는 뜻이다. 한마디로 사사로운 이득에 욕심을 부리지 않고 욕망이 없으니 추구하는 바도 없는 상황을 '간기배 불획기신(艮其背 不獲其身)'이라고 한다.

이렇게 욕심을 찾아 움직이지 않으니까 뜰로 나가도 사람을 보지 못한다고 하여 '행기정 불견기인(行其庭 不見其人)'이라고 한다. 흉함도 길함도 없고 잘못이 생길 일이 없으니 무구하다.

반면 나쁜 멈춤도 있다. 허리에서 멈추는 간기한(艮其限)이다. 한(限)은 허리와 함께 경계라는 의미가 있다. 허리는 몸이 움직일 때마다 꿈틀대며 요동치는 곳이기 때문에 허리에서 멈추는 건 사건과 사고가 끊이지 않는 운명이다. '간기한 열기인 여훈심(艮其限 列其夤 厲熏心)'은 '허리에서 멈춰 등뼈를 벌려놓으니 위태로워서 마음을 태운다'라는 뜻이다. 어렵고 힘듦이 가장 극심한 때

를 뜻한다. 운세나 사업 등에서 무리하지 않는 것이 좋으며 바라
는 것은 이뤄지지 않는다고 봐야 한다. 거래, 협상, 교섭, 담판도
생각대로 되지 않아서 초조하므로 지금 추진하는 일을 멈춰야
한다.

그런데 간괘의 멈춤이 영원한 것은 아니다. 이 멈춤은 점차 풀
려서 좋은 쪽으로 향하게 되므로 '우선 멈춤'에 가깝다. 지금 무
리해서 일을 행하는 건 스스로 쓸모없는 잘못을 자초하는 것이
니 자중하는 게 좋다.

차근차근 실력을 쌓아야
··································

요즘 유튜브를 보면 부자 되는 법, 인싸 되는 법 같은 비결을
알려주는 콘텐츠가 인기가 높다. 이런 콘텐츠를 볼 때 가려서 보
고 선택해야지 무작정 따라 해서는 곤란하다. 이는 《주역》에서
말하는 간기한이다. 자신의 능력과 상황을 고려하지 않고 경험
이나 훈련 없이 따라 하기란 쉽지도 않고 제대로 될 리도 없다.
세상살이가 그렇게 단순하고 쉽겠는가?

누구나 성공할 수 있는 객관적인 비결 같은 건 없다. 성공하려
면 자신의 능력과 상황에 맞게 한 걸음씩 실력을 쌓아가면서 터

득하는 길밖에 없다. 실력을 갖추고도 때를 만나야 하고 자리를
얻고 운이 따라야 그 능력을 발휘할 수 있다.

오십은 때를 아는 나이이다. 지나친 욕심은 자연스럽게 내버
려 두고 멈추어야 할 때는 멈추고, 행해야 할 때는 행하라. 지금
당장 인생 후반전을 준비할 공부를 하기로 했다면 공부 분량을
정하고 실천해야지 도망가거나 마음을 억누르지 말라. 하나씩
아는 과정을 즐길수록 자연스럽게 몰입할 수 있다.

삶이 너무 무거우면 잠시 멈추고 돌아보라

지뢰복
地雷復

돌아오는 것은 형통하여 나가고 들어오는 것은
병이 없어 벗이 와야 허물이 없느니라.
그 도를 반복하여 칠 일이 지나 회복해 목표를 두는 것이 이롭다.

흔히 바쁘게 살던 사람이 멈추면 무엇을 하게 될까? 아마도 바빠서 미처 챙기지 못했던 주변을 돌아볼 것이다. 평소에는 바빠서 앞만 보고 빠르게 걷던 사람도 천천히 주위를 살피지 않을까. 옆도 보고 뒤도 보고 자신이 걸어온 길, 과거의 일도 생각한다. 혹은 나와 멀리 있는 것들을 돌아보게 되니 말이다.

오십의 나이가 그렇다. 이제껏 자식들 챙기고, 회사 일 하느라 정신없이 분투하며 시간을 보내고 나니 어느덧 자식들은 자기

밥벌이 하느라 홀연히 떠나고 나 혼자 덩그러니 남은 기분이 든다. 주변을 챙기느라 정신없이 살다 보니 어느새 '잃어버린 나'를 만나게 된 것이다. 100세 시대 아직 살아갈 시간은 많고 앞으로 무엇을 하며 어떻게 살아야 할지 삶의 방향을 고민하게 되는 인생의 중요한 터닝포인트이기도 하다.

이런 멈춤에 딱 맞는 장소가 있다. 그곳은 수원으로 들어가고 나가는 길목이자 지지대비(遲遲臺碑)라는 이름의 비석을 품고 있는 고개이다.

지지대비는 수원시 장안구 파장동에 있다. 1807년 12월에 세워졌는데 경기도 유형문화재 제24호이기도 하다. 이 비석은 정조와 사연이 있다. 《정종대왕실록》에 따르면 정조는 생부, 사도세자라는 이름으로 유명한 장헌세자(莊憲世子)의 무덤인 현륭원(顯隆園)의 참배를 마치고 서울로 돌아가는 길에 매번 행차를 멈추고 아쉬워했다고 한다. 그래서 왕의 행렬이 멈춘 곳을 지지대라고 이름을 붙였다. 정조는 아버지를 그리워하는 마음을 시에 담기도 했다.

혼정신성의 사모함 다하지 못하여(신혼부진모 晨昏不盡慕)
이날에 또 화성을 찾아와 보니(차일우화성 此日又華城)
침원엔 가랑비 부슬부슬 내리고(침원우 寢園雨)

재전에선 방황하는 마음이로다(배회재전정 徘徊齋殿情)

사흘 밤을 견디기는 어려웠으나(야위삼야숙 若爲三夜宿)

그래도 초상 한 폭은 이루었다오(유유칠분성 猶有七分成)

지지대 길에서 머리 들고 바라보니(교수지지로 矯首遲遲路)

바라보는 속에 오운이 일어나누나(오운망이생 梧雲望裏生)

다산은 정조의 시에 화답하는 시를 지었다. 임금과 신하가 시를 주고받던 전통적인 덕이기도 하고 어진 왕과 충성스러운 신하로서 둘의 교감이 얼마나 깊었는지도 알 수 있다.

대 아래 푸른 실로 꾸민 행차길(대하청승로 臺下靑繩路)

아득히 화성으로 곧게 뻗었네(요요직화성 遙遙直華城)

상서로운 구름은 농부 기대 맞추고(서운련(연)야망 瑞雲連野望)

이슬비는 임금의 심정을 아는 듯(영우회신정 零雨會宸情)

용 깃발은 바람에 펄럭거리고(용기색 龍旗色)

의장대 피리 소리 퍼져나가네(유양봉관성 悠揚鳳管聲)

그 당시 군대 행렬 어제 일처럼(융의여작일 戎衣如昨日)

상상하는 백성들이 지금도 있어(상상유유맹 想像有遺氓)

다산은 이 시에서 '구름이 농부의 기대에 맞추고', '이슬비가 임금의 심정을 아는 듯'이라고 표현하면서 왕을 향한 사랑과 존경을 표현했다. 정조가 왜 지지대고개를 넘으면서 가마를 멈추었겠는가? 그는 아버지 장헌세자의 죽음을 너무나 어린 나이에 지켜봐야 했다. 아버지의 목숨을 앗아간 이는 다름 아닌 할아버지였다. 정조는 그 일로 가슴에 지울 수 없는 한이 맺힌 인물이다. 그래서 아버지의 무덤을 돌아보면 충분히 쉬었음에도 그곳을 떠나기가 아쉬워서 일부러 느릿느릿 움직였다고 한다. 멈춤과 느릴 '지(遲)'를 따서 〈지지대〉라고 이름까지 붙인 것을 보면 정조의 마음이 얼마나 무거웠는지 알 수 있다.

다산은 충성스러운 신하답게 왕의 무거운 마음을 나름대로 헤아리고 위로하고자 시를 지었다. 그의 짐을 대신 짊어질 수 없지만 그럼에도 불구하고 인간으로서 정조를 얼마나 연민하고 사랑했는지 알 수 있는 대목이다. 요즘 같은 시대에서는 기대하기 힘든 정(情)이고 마음이다.

갈수록 삶의 무게가 버겁다고 하소연하는 사람이 늘고 있다. 삶의 무게는 그 삶의 주인만이 제대로 안다. 겉으로는 너무나 화려하고 모두가 부러워하는 삶을 살면서도 홀연히 세상을 버리는 사람이 어디 한둘인가. 아무리 돈 많은 재벌이라도 겉모습만 봐서는 아무도 그 사람의 속사정은 모른다. 내가 세상에서 제일 불쌍하다며 울고불고 난리치는 사람도 속사정을 들여다보면 남들보다 나을 때가 있고 '나는 괜찮다, 행복하다'고 외치는 사람도 속은 썩어 문드러져 있을 때가 있다.

그래서 그의 짐을 대신 짊어질 게 아니라면 위로랍시고 아무 말이나 던지지 말라. 특히 운명상담을 하는 사람이라면 어디든 토로하고 싶어서 고민을 털어놓은 사람을 이용하지 말아야 할 것이다. 말을 꺼내기 전에 이 말로 상처 입을 사람이 있는지 없는지, 한 번 더 멈춰서 생각해야 한다.

섣부른 위로의 말이나 해결책을 일러주는 대신에 함께 있는 시간 자체가 어떤 말보다 더 큰 위로가 될 수 있다. 그리고 정조와 다산이 그랬듯이 같은 곳을 바라보며 서로의 마음을 헤아려보는 시간을 함께하는 모습이 더 아름답다.

옳지 않은 이로움을 욕심내는 건 위험하다

천뢰무망
天雷无妄

허망함이 없다는 것은 행동을 바르게 해야 이로우니
바르지 않으면 재앙이 있기 때문에
목표를 두는 것은 이롭지 아니하다.

사람은 누구나 옳음을 좋아한다. 이렇게 보면 옳은 것은 좋은 것이다. 그런데 옳은 것이 항상 좋기만 할까? 그럴 뿐만 아니라 옳음과 그름을 구분할 수 없는 때도 있다. 세상사가 모두 무를 자르고 자로 재듯이 딱 떨어지지 않기 때문이다. 아니 어쩌면 옳고 그름을 따질 수 없는 회색 영역이 더 클 수 있다.

때에 따라서 옳음도 삼가야 할 때가 있다. 옳다고 해서 무조건 좋은 게 아니다.

"정말로 못생기셨네요."

"아이가 공부를 참 못하는군요."

예를 들어서 이 말이 아무리 옳다고 해도 얼굴 앞에 대고 할 수 없다.

운명상담을 하는 처지에서는 이런 일이 비일비재하다. 그래서 눈에 훤히 보이는 일도 말을 아껴야 할 경우가 많다. 문제는 운명상담을 청하는 사람은 역술인이 자신의 운명을 단박에 알아맞히지 못하면 돌팔이라고 생각한다. 그리고 다른 곳에서 상담을 받으며 험담을 늘어놓는다.

물론 개중에는 사이비 역술인이 있어서 욕을 들어도 마땅한 때도 있다. 그러나 실력 있는 역술인도 어떨 때는 욕을 먹을 수밖에 없다. 그가 실수하거나 잘못을 저질렀기 때문이 아니다. 알면서도 욕을 먹기를 자처하기 때문이다. 나에게도 그런 일이 있었다.

운명상담은 삶의 예의이자 존중

무더운 어느 여름날이었다. 이마의 땀 줄기를 벗 삼아서 창문 틈새로 들어오는 한 줄기 바람에 의지하며 상담실을 지키고 있었다. 그때 멀리서부터 누군가의 음성이 들렸다. 무엇이 그렇게 즐거운지 하하호호 웃으며 시끌벅적했다. 문이 열리고 일전에도 몇 번 찾아온 젊은 부부와 50대로 보이는 여성 두 분이 들어왔다.

활짝 웃는 모습에 반가운 마음으로 그들을 맞았다. 젊은 부부는 두 여성이 이모님이라면서 정중하게 소개했다. 이런저런 세상사를 이야기하다가 이모님이 불러주는 남편의 사주를 받아 적었다. 천천히 분석해보니 그의 사주는 모두 금(金) 일색이었다.

사주를 보니 뼈에 이상이 생기거나 수술을 해야 할 일이 있을 것 같았다. 고개를 갸웃거리며 대운을 살펴봤다. 경금대운, 신금대운에 치명적인 생사를 가름하는 교통사고나 뇌진탕을 맞이할 것으로 나타났다. 사주도 금 일색인데, 대운이나 연운에 있어서도 모두 금으로부터 집중 공격을 받고 있었다.

이렇게 보고 저렇게 봐도 사주에 의하면 죽거나 최소한 중환자가 되어 병원 신세를 져야 할 운명이었다. 남편의 사주는 처참한데 여성의 표정은 너무나 평화로웠다. 이상한 일이었다. 다른 사람의 사주를 가져온 것도 아닐 텐데 충격을 받더라도 사실대로 이야기해야 할까?

어떻게든 앞날을 알려주어야 하는데 사실대로 이야기하기에는 사주가 너무 나빴다. 저렇게 밝은 표정을 짓는 여성에게 남편이 죽음을 앞두고 있다고 말할 수 있겠는가? 한참 동안 망설이다가 남편의 사주는 금이 너무 편중되어 있다는 둥, 관살혼잡의 사주라는 둥 빙빙 돌려서 알 수 없는 말만 늘어놨다. 정작 죽음이 가까이 다가와 있다는 본론은 말하지 못했다.

어떻게 하면 충격을 주지 않으면서 암시해 줄 수 있을지 고민하는 사이에 두 여성은 서로 눈짓을 주고받았다. '더 들어봤자 시간만 아까우니까 일어서자'라는 무언의 메시지를 주고받는 듯 보였다. 나의 운명해석이 마음에 들지 않는 기색이 역력했다. 후에 전해 들은 이야기지만 당시 그 여성의 남편은 교통사고로 병원 중환자실에 입원했고 식물인간이 되었다고 한다.

전문가인 나에게 누군가의 운명을 알아맞히는 건 그리 어려운 일이 아니다. 정말 어려운 건 옳고 그름에 대한 사리판단이다. 내가 분석한 대로 말을 해야 할지, 말아야 할지를 판단하는 과정이다. 의사가 환자를 상담할 때도 상대방의 조건이나 상황을 고려해서 할 말과 하지 않을 말을 가린다. 역술인도 해야 할 말과 하지 말아야 할 말을 가려야 한다. 더구나 인간의 생사에 관한 이야기일 경우에는 무조건 신중해야 한다.

같은 이유로 나는 미성년자의 운명을 함부로 입에 올리지 않는다. 이제 막 태어난 아기의 이름을 지으러 온 부모 가운데 자신과 아기의 궁합이 어떤지, 아기의 결혼운이 어떤지 물어보는 이들이 있다.

"그게 왜 궁금한 겁니까? 부모 자식 사이에 궁합이 좋고 나쁘고를 따져서 어떻게 하려고요? 당신이 세상에 내놓은 자식인데 궁합 따위와 상관없이 아끼고 사랑해야 할 거 아니요?"

그제야 머쓱해져서 질문을 멈추는데 보기에 답답하기 짝이 없는 질문이다.

또 이제 막 태어난 아이의 운명을 마구 떠드는 건 역술인이라면 삼가야 할 일이다. 그래서 미성년자 운명해석은 아이의 적성이나 진로 선택에 도움이 되는 선에서만 정보를 준다. 결혼운과 같이 운명 전반에 큰 영향을 끼치는 운에 관해서는 떠들지 않는 게 나의 철칙이다. 그것이 한 사람과 그의 삶에 대한 예의이자 존중이라고 믿기 때문이다.

바른 것도 때론 흉이 될 수 있다

《주역》에도 정흉(貞凶)이라는 말이 나온다. 바르지만 흉하다는 것이다. 바른 것이 항상 옳고 좋은 것이면 흉할 리가 없는데 아무리 바른 것도 때에 따라서 흉해질 여지가 있다. 그래서 옳다고 보이는 것도 거듭 고민해서 진정으로 옳고 그른 것을 가려내야 한다.

그리고 이(利)에 관해서도 생각한다. 《주역》에도 이에 관해서 자주 언급한다. '이롭지 않은 것이 없다', '이로울 것이 없다'라는 말이 등장하는데 바름과 이로움은 서로 같지 않다. 때로는 바른 것도 나에게 해로울 수 있고 또 옳지 않은 일인데도 나에게 이로움으로 다가올 수 있다. 그렇다면 옳지 않은 이로움을 어떻게 할 것인가? 이로워서 취할 것인가, 아니면 옳지 않으므로 버릴 것인가? 이런 딜레마에 갇혔을 때 우리 마음을 파고드는 것이 바로 욕심이다.

《주역》에서 욕심과 관련된 괘가 뇌택귀매괘이다. 귀매는 연못 위에 벼락이 올라탄 형상이다. 연못은 잔잔하고 깊은 품성이 있으며 벼락은 강렬하고 동적인 성향을 지닌다. 벼락이 연못에 닿아 강렬한 파동을 만들어낸다. 이는 남  자와 여자가 만나서 사랑하는 형상이다. 하늘의 강렬한 에너지와 땅의 부드러움이 만나서 생명을 품는다.

듣기에는 아주 좋은 의미의 괘인 것 같지만 귀매괘가 마냥 길하지만은 않다. 귀매괘에는 '누이를 시집보낸다'라는 또 다른 뜻이 있다. 시집을 보내는 것은 보통 축복받을 일이지만 무조건 길한 건 아니다. 시집을 보낸 결과가 좋아지려면 과정이 매우 중요하다. 자연스럽게 사랑을 나누던 커플이 부부가 되어야지 부모가 강압적으로 결혼시키면 유리함이나 길함이 따르긴커녕 비극이 되기 쉽다.

혼인에 욕심과 계산이 끼어들어도 마찬가지이다. 어떻게든 나보다 조건이 좋은 상대와 결혼하려고 욕심을 부리면 결혼의 원래 목적인 화합이 이뤄지기 어렵다. 또 과거에는 귀매가 두 집안이 혼인으로 동맹을 맺거나 강화한다는 의식이었다. 이런 관계는 서로 잘 소통하면 길하지만 의심하기 시작하면 원수가 될 수도 있다.

귀매괘에는 어쩔 수 없이 위험이 따른다. 그러나 이런 상황일수록 욕심보다 바름을 추구해야 한다. 내가 만약에 운명상담을 청한 이들에게 '용하다', '다 알아맞힌다'라고 인정받고 싶어서 욕심을 부렸다면 어떻게 될까? 생사에 관한 이야기, 미성년자의 미래를 다 이야기해서 가뜩이나 불안해하는 이들을 더 불안하게 만들었다면? 나는 역술인으로서 해서는 안 될 말을 한 죄로 뒷감당을 하지 못하고 화를 입었을지도 모른다. 그러므로 성급한 욕심만큼 위험한 건 없다. 바르지 않아도 이로움이 있을 때 과감하게 이득을 버려라. 그래야만 흉한 일을 피할 수 있다.

때를 기다리며 매일 정진하라

수뢰둔
水雷屯

잠시 물러나는 것은 으뜸으로 형통하니 바르게 하면 이롭다.
적극적으로 확장하고 행동하는 것은 하지 말아라.
다만 잠시 물러날지라도 목표를 정확하게 세워야 이익이 있다.

논산과 대전 사이에 있는 대둔산은 악산으로 유명하다. 크기는 작지만, 직선으로 뻗은 바위 봉우리가 한눈에 보기에도 험난하다. 그래서 예로부터 신라와 백제가 결전을 벌이기도 하고 동학 때 일본군에 마지막까지 저항한 격전지의 배경이 되기도 했다. 또 수많은 무인, 장군이 이곳에서 수련하기도 했다.

대둔산의 둔(屯)은 《주역》에 등장하는 괘의 이름이다. 형상을 보면 위에는 감괘(坎卦)가 있고 아래에는 진괘(震卦)가 있다. 위에는 물이 있고 아래에는 우레가 있는데 물속에 우레가 들어 있는 상이다.

둔은 '달아나서 물러나 피하다'는 뜻이다. 산속으로 은둔해 도 망가는 상이고 고향으로 멀리 피해 가는 모습이다. 왜 은둔하고 숨을까? 새싹이 막 지면을 뚫고 움트는 모습을 본 적이 있는가. 이 시기가 바로 둔괘이다.

여린 싹이 흙을 뚫고 나와야 하니 여간 힘든 일이 아니다. 출산 도 마찬가지이다. 아이를 낳는 어머니도 엄청난 고통을 견뎌야 하지만 아이 역시 밖으로 나오기 위해서 사력을 다한다.

따라서 둔괘는 시작, 초기를 의미한다. 새로운 생명이 태동하 는 단계라서 앞으로는 만사가 형통하고 큰 이익이 생길 것이나 아직은 기운을 쓸 때가 아니다. 원래 시작하는 단계에서는 어려 움이 많다. 일을 능숙하게 할 수도 없고 돈이 많이 벌리지도 않는 다. 누구 하나 알아주는 사람이 없어서 외로운 싸움을 해야 하는 경우가 많다. 앞으로 좋은 일이 생기리라 기대하지만 상황이 안 정되지 못하니 무리해서 기운을 쓰지 말고 물러나서 때를 기다 려야 한다. 이 시기에는 자신을 새로운 환경에 적응시키고 엄격 하게 다스리는 것이 가장 중요하다.

만약 이런 시기에 처음부터 크게 이루려고 나서면 어떻게 될 까? 힘만 들 뿐 성과가 없다. 씨앗만 뿌리고 거두는 건 없는 이런 상황을 두고 경거망동 또는 '설레발을 친다'라고 말한다. 설레발은 어떤 상황에서도 좋은 의미로 해석될 수 없다. 중요한 순간에 일을 미숙하게 처리해서 주변에 민폐나 끼치지 않으면 다행이다.

이렇듯 어떤 일이나 사람이 성장하는 데에는 시간과 노력이 필요하다. 꾸준하게 투자하지도 않고 경거망동하면서 성과를 바라면 안 된다. 만약 시작이 순조롭게 진행된다면 그다음에는 역량을 갈고닦는 과정이 이어져야 한다. 일과 관련된 지식을 넓고 깊게 쌓아야 한다.

조용히 실력을 갈고닦는 시간

나는 대학생 때 '둔'에 해당하는 일을 겪었다. 평생 잊을 수 없는 만남으로 인해서 둔의 시기가 시작됐다. 대학에 다닐 때 나는 친구들 일곱 명과 주당파라는 모임을 만들었다. 우리는 시도 때도 없이 술을 마시며 몰려다녔다. 그날은 무척 무더운 날이었는데 계룡산에 모여서 술을 마시고 있었다. 그때 한 중년 사내가 합석을 청하며 대청마루에 걸터앉았다.

"가만, 자네는 보통이 아닌데……."

그의 시선이 나에게 고정됐다. 나는 당시에 머리를 길러서 늘

어뜨리고 1년 내내 국방색 바바리를 걸치고 다녀서 누가 봐도 범상찮은 모습이었다.

"이 친구는 주역쟁이랍니다."

친구 중 한 명이 장난스럽게 대꾸했다.

"주역쟁이?"

"제법 점을 볼 줄 안다는 얘기죠."

친구의 말에 중년 사내는 나를 흥미롭게 바라보았다.

당시 나는 역학에 관한 지식 수준이 어느 정도 궤도에 올랐다고 자부하고 있었다. 한약방을 하시던 할아버지의 영향으로 어릴 때부터 한학과 역학을 접할 기회가 많았고 중고등학교에 다니면서도 나름대로 역학을 공부했다. 수업 시간에 선생님께 무수히 책을 빼앗기고 벌을 받으면서도 내 관심은 온통 역학을 향해 있었다.

대학에 진학한 후에는 본격적으로 역학을 공부했다. 주변 사람의 운명을 분석해주면서 연구를 계속했다. 그들 덕분에 '기가 막히게 알아맞힌다', '족집게 도사'라는 소문이 퍼져나갔고 그럴수록 나는 더 역학에 미쳐갔다.

그러나 그날, 중년 사내가 내 어쭙잖은 지식을 박살 냈다. 그와 대화하는 동안 내가 얼마나 무지한지, 그리고 얼마나 미숙한 생각을 하고 있었는지 바닥까지 다 드러나고 말았다. 나는 부끄러워서 고개를 숙이고 말았다.

그는 자신을 무불도사라고만 소개하고 다른 정보는 아무것도 주지 않았다. 그저 거처도 없이 이곳저곳 떠돌아다닌다고 했다. 분명한 건 짧은 지식으로 우쭐대던 나를 몇 마디 말로 제압할 정도로 역학에 조예가 깊다는 사실이었다. 다음 날부터 무불도사를 찾아서 온 산을 헤매고 다녔지만 그를 만날 수 없었다. 몇 번이나 허탕을 치다가 지쳐서 주저앉아 쉬고 있을 때 누군가가 뒤에서 등을 쳤다. 돌아보니 그 도사가 서 있었다.

"도사님! 부족한 저를 가르쳐주십시오."

나의 간곡한 부탁으로 도사님의 특강이 시작됐다. 그러나 공부를 마치고 헤어질 때는 다음에 만날 약속을 해주지 않았다. 그러면 또다시 그를 찾아 계룡산을 헤집고 다녔다. 그러다가 여름방학을 맞았고 아예 계룡산 민박집에 방을 잡았다. 도사님과 함께 기거하면서 관상과 성명학을 배웠다. 그때 배운 가장 감명 깊은 가르침은 역술인의 자세에 대한 것이었다.

"역을 제대로 하려면 밑바닥부터 시작해야 한다. 인생을 모르고 운명을 논할 수 있겠느냐? 가난하고 어려운 처지 때문에 고통받는 사람의 삶을 직접 경험해라. 그러지 않고는 절대로 경지에 오를 수 없다. 너의 도움을 가장 절실하게 바라는 사람은 운명으로 고통받는 사람들이다. 책상머리에 앉아서 배우는 건 올바른 역학이 아니다."

　무불도사의 가르침이 나의 인생을 완전히 바꾸어놓았다. 그를 만나기 전에는 점을 잘 본다는 주변의 칭찬에 우쭐거렸고 더 인정받고 싶은 욕심 때문에 공부에 빠져들었다. 밑바닥으로 내려가서 가난하고 어려운 사람의 삶을 진심으로 이해하고 그들을 위한 역술인이 되겠다고 생각하지 못했다. 무불도사의 가르침은 나의 인생을 뒤흔들어 놓았다. 만약에 도사를 만나지 못했다면 나는 역술을 공부하면서도 어떻게 하면 잘 맞춰서 유명해지고 큰돈을 벌까 궁리했을지도 모른다.

　그길로 나는 짐을 싸서 집을 나섰다. 그리고 구두닦이, 웨이터 생활을 시작했다. 당연히 집안이 발칵 뒤집혔다. 부유한 집에서 태어나 대학까지 다니던 놈이 구두닦이가 웬 말이냐는 반응은 어찌 보면 당연했다.

　하지만 나는 그때 더없이 중요한 시기를 보냈다. 물러나고 은둔하면서 실력을 다지는 시기, 그 소중한 시절이 없었다면 나는 진정한 역술인이 되지 못했을 것이다.

　만약에 실력을 쌓는 시간이 남들보다 길어져서, 세상에 나오는 시간이 늦어진다고 해도 평균 수명이 길어진 요즘 세상에서는 오히려 잘된 일이다. 공자는 '내 나이 오십에 하늘의 명을 알았다(지천명 知天命)'라고 했다. 성인인 공자도 오십이 돼서야 하늘이 내려준 운명을 알았다. 우리는 보통 20~30대에 야망을 품고 그 야망이 이리 깨지고 저리 깨지다가 50대가 되면 그제야 삶을 알게 된다.

그래서 오십이 넘어서 두각을 드러내는 대기만성형 유명인이 적지 않다. 예를 들면 할리우드의 액션 배우인 리엄 니슨이 영화 「테이큰」으로 성공했을 때 그의 나이가 50대 중반이었다. 남들은 액션 연기를 그만둘 나이에 그는 글로벌 스타로 떠올랐다. 국민 MC인 송해도 '50대까지는 허송세월했다'라고 말했을 정도로 대기만성형이다. 그는 배삼룡, 서영춘 같은 스타들에게 밀려서 빛을 보지 못하다가 「전국노래자랑」으로 스타가 되었고 그때 그의 나이가 53세였다. 후기 인상파 화가인 폴 세잔도 50대에 화가로서 절정을 맞고 명작을 남겼다.

과거에도 대기만성으로 뒤늦게 인정받은 인재들이 이렇게 많은데 요즘과 같은 백세시대에는 말할 것도 없다. 사십이든 오십이든 둔의 자세로 묵묵히 실력을 쌓으면서, 아직 오지 않은 때를 기다려라. 나이 때문에 늦었고 좋은 시절은 다 갔다는 말은 그야말로 변명일 뿐이다.

미련도 간섭도 모두 버려라

수뢰둔
水雷屯

둔(屯)은 말을 타고 가다가 내리는 것과 같으니
물러나서도 새로운 방향을 구하여 나아가면 길하고
이롭지 아니함이 없느니라.

수뢰둔에는 괘사라는 큰 수뢰둔이 하나 있고 그 안에 효사라
는 여섯 개(초, 이, 삼, 사, 오, 상)의 수뢰둔이 있다. 앞서 '둔'은 새싹
이 지면을 뚫고 올라오는 시기라서 물러나고 은둔하며 힘을 모
아야 한다고 했다. 그런데 우리는 물러나는 일을 그리 잘하지 못
한다. 물러나는 건 실패이고 쇠락하는 거라고 여기고 꺼리거나
부끄러워한다.

그러나 인생에서 물러나는 일처럼 중요한 건 없다. 죽음도 일

종의 물러남이다. 자연계에서 우리의 존재가 물러나고 새로운 생명이 세상에 나올 수 있게 힘을 모아주는 일이다. 그래서 물러날 때는 미련도 간섭도 버려야 한다.

이미 그 자리에서 벗어났으면 그만이다. 죽은 사람이 산 사람을 보고 '내가 다시 살면 저것보다 잘 살 수 있을 텐데' 하고 생각하는 게 성립될까? 이미 산 사람이 아니므로 성립할 수 없다. 흔히 꼰대라고 조롱받는 사람의 태도도 마찬가지이다.

"나 때는 말이야, 지금 너희보다 훨씬 힘들었어."

"내가 지금 너희 나이라면 날아다닐 거야!"

이런 말은 아무 소용이 없다. 지금은 '나 때'가 아니고 다시 젊어질 수도 없기 때문이다. 그때로 돌아간다고 해도 지금 아는 걸 그대로 알 수 있겠나? 경험이 다르고 가치관이 다르므로 절대로 알 수 없다. 따라서 상대가 조언해달라고 하거나 도움을 요청하지 않은 이상 어른이라고 해서, 나이가 많다고 해서 누군가의 일에 마음대로 간섭하거나 잔소리하고 요구할 권리는 없다.

'나라면 더 잘할 수 있다'라는 생각은 철저한 오만이다. 그 자리에 서 있는 사람이 잘해서 성공하든 인생을 망치든 그 책임도 그 사람의 것이므로 내가 관여할 바가 아니다. 만약에 이래라저 래라 잔소리를 하고 싶다면 결과에 대한 책임까지도 대신 짊어져야 할 것이다. 그런데 그건 낳아준 부모조차도 할 수 없는 일이다.

잘못된 조언을 해놓고도 '네가 선택했지 내가 강제로 시킨 게 아니다'라고 하면서 발뺌하는 부모가 수두룩하다.

현자는 불러도 다시 오지 않는다

조선시대의 중신이 늙어 벼슬에서 물러나면 임금에게 퇴로를 청했다. 이를 알게 된 임금이 지팡이와 궤를 하사하면 임금이 허락했다는 의미로 받아들이고 퇴로가 행해진다. 지팡이는 걸을 때 짚어서 보조하는 도구이고 궤는 앉았을 때 팔을 얹어서 몸을 편히 기대도록 만든 팔받침이다.

이 퇴로를 매우 고생스럽게 한 인물이 있는데 그가 바로 퇴계 이황이다. 그는 벼슬길에서 물러나고자 퇴로를 청하면 임금이 79번이나 다시 불러들였다. 다시 부른 일이 너무 많아서 지팡이와 궤를 몇 개나 받았는지 모를 정도였다.

퇴계는 왜 남들은 오르지 못해서 안달인 벼슬에서 물러나고자 했을까? 아마도 그는 정치보다 공부를 더 좋아했던 것 같다. 한마디로 교수 스타일이 아닐까 싶다. 그래서 모두 출세를 원할 때 퇴계는 물러나서 조용히 공부에 전념하고 싶어 했다. 그러나 퇴계가 벼슬에서 물러난 뒤 임금인 선조는 답답했다. 화가를 불러

《도산십이곡(陶山十二曲)》에 묘사된 풍경을 그리게 해서 가까운 곳에 걸어놓았다. 거기에 '초현부지탄(招賢不至嘆)'이라고 썼다. 이는 '현자는 불러도 오지를 않네'라는 뜻이다.

퇴계는 관직에서 물러나 고향에 갔다. 산책, 독서, 후학 양성으로 바쁜 날을 보냈다. 그는 은퇴 후의 삶을 너무나 만족하며 이런 글귀를 썼다.

'몸이 물러나 내 분수에 맞는데, 공부가 뒤처졌으니 그것이 걱정이다.'

퇴계는 1570년에 세상을 떠났다. 여느 날처럼 매화분에 물을 주고 말끔하게 정돈된 침상에서 단정하게 앉아서 죽음을 맞았다고 한다. 죽음을 맞는 태도만 봐도 그의 평소 생활을 짐작할 수 있다. 일은 별로 없으면서 돈을 많이 주는 편한 자리가 있다면 누구나 그 자리를 탐낼 것이다. 대부분은 그 자리에 천년만년 붙어 있고 싶을 거다. 그러나 그게 옳지 않다는 걸 깨닫고 자리를 내놓는 사람이 군자다. 만약 생물이 모두 죽지 않고 저만 살고자 하면 자연계가 어떻게 되겠는가? 태어나는 이만 있고 죽는 이는 없어서 생태계가 터져나갈 것이다. 이 사실을 전혀 알지 못하거나 알고도 모르는 척한다면 소인이다. 소인은 언젠가 강제로라도 물러나야 할 때가 오면 크게 충격을 받는다.

퇴계 이황의 운명 분석
·······································

퇴계 이황은 1501년 신축(辛丑)년 음력 11월 25일에 태어났다. 사주는 신축년 경자월 기축일이고 태어난 시는 알 수 없다. 기토 (己土)일간에 토(土)비겁 35점, 수(水)재성 30점, 금(金)식상이 20 점으로 토비겁, 수재성, 금식상의 성격이 결합되어 있다. 오행과 육친의 점수가 고루 분포되어 있으면 안정적인 안전지향성 성정이다. 기토(己土)일간에 토비겁 35점은 평화주의자, 소통주의자의 성향을 가지고, 수재성은 수리력, 창의력, 정보수집력 등에

	시주	일주	월주	년주
육친			상관	식신
천간오행	–	기토 己土	경금 庚金	신금 辛金
지지오행	–	축토 丑土	자수 子水	축토 丑土
육친		비견	편재	비견

(※퇴계 이황의 태어난 시는 알 수 없어 '–'으로 표기함)

뛰어나고, 금식상은 이타적이고 봉사적이고 교육적이다. 사주에 음의 기운이 많아 신경이 예민하여 과민성 스트레스로 소화기 계통에 문제가 있을 수 있다.

이황의 성격이 어떠한지 그의 일화를 통해서 알아보자. 어렸을 때 형인 이해가 놀다가 손을 다쳐 상처에서 피가 흐르자 이황은 형의 손을 잡고 울기 시작했다. 이황의 어머니가 이를 기이하게 여겨 "다친 형은 울지 않는데 네가 어찌 우느냐?"라고 묻자 이황은 "형은 저보다 나이가 많아 울지는 않으나 피가 이렇게 흐르는데 어찌 아프지 아니하겠습니까?" 하고 대답했다고 한다.

이황이 27세 되던 해, 첫 번째 부인과 사별 후 3년째 되던 해 예산에 귀양을 가 있던 권질이 이황을 불러 "자네가 아니면 내 딸을 맡아줄 사람이 없네"라며 간곡하게 부탁하였다. 이황은 권질의 여식을 아내로 받아들인다. 그녀의 할아버지 권주(權柱)가 '갑자사화'에 휘말려 사사당하는 바람에 집안이 기울었으며, 아버지 권질도 '신사무옥'에 휘말려 유배당했고, 작은아버지 권전은 곤장을 맞다가 죽었기 때문이었다.

일가족이 몰살당한 충격으로 그녀는 정신적인 문제가 생겼고, 유홍준 선생은 《나의 문화유산 답사기》 3권 도산서원편에서 권씨 부인을 사이코라고 표현하였다. 한번은 제사상에 있던 배를 남몰래 치마 속에 숨겼는데, 이를 눈치챈 이황의 형수가 그녀를 질책했다. 그러나 이황은 "제사를 지내기 전 음식을 먹는 것은 예법에 어긋나기는 하나 조상님께서 후손을 귀엽게 여기실 터이니 손자며느리의 행동을 노엽게 여기지 않을 것입니다."라며 아내를 감쌌다.

둘째 아들이 일찍 죽고 둘째 며느리가 청상과부가 되어, 밤마다 외로움에 눈물을 짓자 이황은 사돈에게 데려가라고 편지를 하고 재혼을 허락하였다.

어느 날 영의정을 지낸 권철이 도산서원으로 이황을 찾아왔다. 저녁상에 보리밥, 콩나물국, 가지잎, 명태무침이 나왔다. 이황은 평소에 먹던 음식에 명태무침이 추가되어 맛있게 먹었으나, 권철은 입맛에 맞지 않아 두 수저 뜨고 그만두었다. 다음 날 아침에도 똑같은 상이 나오자 이황은 맛있게 먹었으나 권철은 수저를 들지 않았다. 권철은 아침상이 물러가자 도산서원을 떠나기로 했다. 떠나기 전 이황에게 "마지막으로 선생께 좋은 가르침을 받고 싶습니다."라고 청하자 이황은 옷깃을 바로잡고 "대감께서 먼 길 오셨는데 융숭한 대접을 못 해드려 죄송합니다. 그러나 일반 백성의 식사에 비하면 엄청난 성찬입니다. 그런데도 대감께서 식사를 못 하시는 것을 보니 나라의 장래가 걱정입니다. 정치의 본질은 여민동락(與民同樂), 즉 관과 민이 일체가 되어야 합니다. 대감께서는 앞으로 백성과 고락을 함께하시길 바랍니다." 이에 권칠은 부끄러워하고 얼굴을 붉히며 "참으로 좋은 가르침입니다. 백성에게 다가가는 것은 언제나 나에게 있음을 깨달았습니다."라고 대답했고 이후 검소한 생활을 실천했다고 한다.

강한 자일수록 몸가짐을 바르게 한다

뇌천대장
雷天大壯

대장은 바르게 해야 이롭다.

옛날에는 영화에서 악당이 등장하면 나쁜 놈이라고 손가락질하기 바빴다. 그런데 요즘은 악당이 영웅만큼 관객들의 사랑을 받고 있다. 영화 「스파이더맨」의 악당인 베놈은 강렬한 포스와 카리스마로 스파이더맨 못지않게 인기가 많다. 「베놈」이라는 영화가 따로 나올 정도였다.

배트맨과 대적하는 악당 조커도 마찬가지다. 하얗게 분칠한 얼굴에 찢어진 입과 빨간 립스틱, 기괴하기 짝이 없는데도 치밀하고 지능적인 모습이 매력적이다. 여기에 「어벤져스」 시리즈에서 활약하는 타노스는 여러 명의 영웅이 한꺼번에 달려들어도 좀처럼 이길 수 없는 강력한 힘을 자랑한다. 악당의 강력한 힘은 곧 존재감이다. 이제 관객들은 이들을 '빌런'이라고 부르면서 열광한다.

이는 완전히 새로운 경향이다. 예전에는 권선징악에 따라서 착한 사람이 인기를 얻고 나쁜 놈은 욕을 먹었다. 또 약자를 돌봐줘야 한다는 것이 상식이었다. 그뿐만 아니라 '약한 사람이 곧 착하다'라는 통념이 있었다. 그래서 힘없고 약한 사람은 무조건 동정받았다.

그런데 정말 그럴까? 사실 강한 힘이 운명을 끌고 간다. 위대한 업적을 쌓은 사람들 가운데 의외로 나쁜 운명을 타고난 사람들이 많다. 그들은 나쁜 운명을 강한 힘으로 개척한다. 운명을 원하는 방향으로 끌고 갈 강한 기운이 있는 것이다. 그 힘으로 자신의 장점을 극대화하고 깜짝 놀랄 정도로 나쁜 운명도 좋은 운으로 바꾸어버린다. 반대로 힘이 약한 사람은 고난을 넘어서지 못하고 작은 성공에 안주해버린다. 더 큰 목표를 향해서 나아갈 힘이 없기 때문이다.

리더일수록 자신의 힘을 바르게 쓸 줄 알아야 한다

뇌천대장
雷天大壯

×

천뢰무망
天雷无妄

《주역》의 뇌천대장(雷天大壯)괘는 무망(无妄)괘의 천뢰(天雷)괘를 상하로 뒤집어놓은 형상이고, 도전괘는 괘를 뒤집어놓는 것으로 둔괘가 된다. 무망괘는 군자가 함부로 행동하지 않는 상이라면 둔괘는 군자가 도망가는 상이고, 대장괘는 양의 기운이 세져서 자라나는 상이다. 대장의 장(壯)은 남성적인 양의 세력이 강하다는 의미를 담고 있다. 대장괘를 둔괘 다음에 배치한 데에도 이유가 있다.

둔자퇴야 물불가이종둔 고 수지이대장

(遯者退也 物不可以終遯 故 受之以大壯)

'둔이라는 것은 물러가는 것이니 사물은 끝까지 물러나 숨어 있을 수는 없다. 그러므로 대장괘로 이어받는다.'

대장괘는 20~30대의 힘이 강한 남자로서 강하게 나아간다. 괘사는 '대장 이형(大壯 利亨)'으로 '힘이 매우 왕성하다. 바르면 이롭다'는 뜻이다. 크게 힘이 왕성한데 길하거나 형통하다고 하지 않는다. 다만 이롭다고 한 것은 대장의 운명을 가진 자가 교만해져서 자기를 억제할 수 없어 궁지에 빠지는 것을 경계하라는 의미이다.

대장의 기운이 강한 이가 왕성한 힘을 바르게 쓰고 길하게 이끈다면 이는 한 나라의 제왕이 될 수 있는 운이라고 볼 수 있다.

제왕의 위치에 오른 사람을 보면 그 주변에 훌륭한 사주를 가진 사람들이 많이 모인다. 그냥 모여 있는 게 아니라 한 사람을 중심으로 혼연일체가 되어 똘똘 뭉쳐 있다. 좋은 사주들이 단단히 결합하면 리더를 만드는 데 대단히 중요하게 작용한다는 사실을 보여주는 예이다. 어쩌면 상식 같은 이야기로 들릴지도 모르겠다. 좋은 사람이 주변에 많으면 성공하기도 쉬우니까 말이다.

그러나 이는 그렇게 쉬운 이야기는 아니다. 한 집단에서 우수하다는 의미는 자존심이 강하고 자부심이 뛰어난 사람들이 그만큼 많다는 뜻인데 이들에게 신임을 얻고 리더로서 이끄는 과정이 말처럼 쉬운 일일까?

대개 힘이 있어 보이는 사람들 주변에는 여러 사람이 몰린다. 그러나 면면을 살펴보면 잠시 덕이나 보려는 얄팍한 이해관계인 경우가 많다. 그래서 중심이 되는 이가 힘을 잃으면 뿔뿔이 흩어지는 경우가 많다. 중요한 건 사람이 많이 몰려 있는 게 아니라 얼마나 진실하게 결합하느냐에 달렸다.

혈기왕성했던 청년 다산

청년 시절의 다산은 어떤 인물이었을까? 요즘 말로 그는 부캐(부캐릭터의 줄임말) 부자였다. 암행어사로, 사또로, 발명가와 건축가로 전방위에 걸쳐 활약했다. 또 과학수사의 비법을 담은 《흠흠신서(欽欽新書)》를 썼는데 이는 지금의 범죄심리분석관, 탐정과도 같은 능력을 발휘했다고 보면 된다. 또 의학서적 《마과회통(麻科會通)》을 집필한 의학박사이기도 하다.

여러 가지 부캐 가운데 첫 번째는 암행어사이다. 정조 18년인 1794년 가을, 흉년으로 농사를 망쳐 백성들이 고통에 빠졌다. 이때 경기도의 여러 수령이 부정부패를 일삼는다는 소문이 자자했다. 수령을 믿지 못하는 백성들이 암행어사를 파견해 달라고 조정에 간곡하게 요청했다. 그 소식을 들은 정조는 11월 초에 젊은 관리 15명을 은밀히 불렀다.

정조는 청렴결백한 젊은 관리로 평가받고 있는 그들을 경기도 전역에 암행어사로 보내기로 하였다. 왕은 철저한 수사를 명령했다.

"수령의 잘잘못을 규찰하고 백성들의 괴로움을 살피는 것이 어사의 직임이다. 비단옷을 입는 것은 그 은총을 드러내는 것이요, 도끼를 지니는 것은 그 권위를 높이려는 것이다."

다산도 이 가운데 한 명이었다. 경기 북부의 적성, 마전, 연천과 삭녕의 네 고을을 그가 맡았다. 은밀히 조사를 시작한 다산은 너무도 놀라운 사실을 알게 됐다. 그것은 강명길과 김양직의 부정부패가 극에 달했다는 사실이다.

그런데 강명길과 김양직은 정조의 신임을 한몸에 받던 관리였다. 강명길은 왕의 건강을 책임지는 내의원인데 정조의 체질을 가장 잘 알기 때문에 치료를 전담했다. 오늘날로 말하면 주치의였던 셈이다. 과도한 스트레스로 늘 몸이 좋지 않았던 정조는 강명길을 무척 신뢰하고 고마움의 뜻으로 수령이라는 관직을 내렸다.

김양직도 강명길 못지않게 정조의 신임을 얻은 인물이었다. 정조의 부친인 사도세자의 묘자리를 잡아준 지관(地官)이 바로 김양직이다. 사도세자를 향한 정조의 효심은 세상이 다 알 정도로 극진했다. 지관이 고을의 수령으로 임명되는 것은 매우 드문 일인데 그만큼 정조의 신임을 두텁게 얻었다.

그러나 다산이 조사한 바에 의하면 김양직은 높은 이자를 받아 챙기고 강명길은 높은 세금을 부과해서 착복했다.

"이 두 사람의 죄는 도저히 용서할 수 없으니 유배형에 처해야 합니다."

다산은 정조에게 상소를 올렸다. 왕은 이러지도 못하고 저러지도 못하는 곤란한 상황에 부닥쳤다. 그러자 정약용은 또다시 강력하게 주장했다.

"전하, 법의 적용은 마땅히 국왕의 가까운 신하에서부터 하여야 합니다."

다산이 옳았다. 왕의 측근이 법을 지키지 않거나 법에 따라서 처벌받지 않는다면 백성에게 법을 지키라고 요구할 수도 없고 처벌할 수 없다. 이렇게 흐릿한 잣대로는 나라의 법질서와 기강을 바로 세울 수 없다. 정조는 다산의 강력한 주장에 따라서 사적인 감정을 거두고 두 수령에게 유배형을 내렸다.

다산은 청년 관리 시절 발명가로도 활약했다. 28세에 관직에 임용된 다산은 한강 배다리 건설의 문제점을 해결하여 정조에게 능력을 인정받았다. 또 이를 계기로 신도시 수원 화성을 설계하고 거중기와 녹로 등 다양한 건설 기계를 발명했다.

관직에서 직무를 수행하며 공부를 쉬지 않았고 여기에 엔지니어로서도 활약한 셈이다. 이렇게 보면 청년 시절 다산은 사주에 화가 많은 남자답게 굉장히 정열적이었다. 여러 가지 일을 바쁘게 하고 일의 효율성과 결과도 매우 좋은 인재였다.

다산은 건축가와 발명가로서 신도시 수원 화성을 설계했고 거중기를 비롯해 다양한 건설 기계를 만들었다. 정약용의 업적은 토목, 건축, 도시, 기계, 자동차, 조선 공학 등 여섯 개 분야나 된다. 그는 약 200개의 도판을 그리며 설계를 완성했다.

우리는 다산을 학자이자 정치가로 기억하는데 그는 공학 분야에서도 엄청난 업적을 이루었다. 유네스코가 인정한 조선 최고의 융합형 인재라고 할 수 있다. 21세기에 들어서 인문학과 공학의 융합이 화두로 떠올랐는데 다산은 이미 조선 시대에 인문학과 공학을 자유롭게 넘나들었다.

그의 정열적인 운명, 대장의 기운이 평생 이어졌다면 조선을 위해서 큰일을 해내고 지금보다 더 많은 업적을 세웠을지도 모른다. 아니, 다산 개인의 운명이 아니라 조선이라는 국가의 운명이 달라졌을 것이다.

요즘같이 세상이 더욱 복잡하고 빠르게 바뀌고 있는 상황에서 나는 얼마나 세상의 흐름에 관심을 두고 시대에 맞춰 변하려고 노력하고 있는지 돌아볼 때이다. 혹시 아직도 예전에 배운 공부와 기술에 안주하고 있지 않은가?

운명은 자신의 노력으로 얼마든지 바꿀 수 있다. 유연한 생각과 태도로 주변의 작은 변화에도 귀를 기울여보자. 세상의 변화에 둔감하다면 나이가 들수록 더욱 외롭고 고립될 수밖에 없다.

'꼰대'라는 신조어가 허투루 생긴 말이 아니다. 운명이 강한 사람은 단지 힘이 센 사람이 아니라 변화에 발맞춰서 빠르게 대응하고 끝까지 살아남는 자를 의미한다.

노력하는 사람은 시련조차 이긴다

중지곤
重地坤

열심히 노력하는 사람은
피 흘리는 고통 속에서도 최고를 얻는다.

2002년 6월 10일 한일월드컵 미국전이 열리기 일주일 전이었
다. 동국대학교 평생교육원의《주역》강좌에 200여 명의 수강생
이 모여 있었다. 여느 날과 다를 바 없이 수업을 기다리는 중이었
지만 어쩐지 묘한 긴장감과 흥분이 느껴졌다. 2002년 당시에 월
드컵 열기는 전국을 뒤집어놓을 정도로 뜨거웠고 수강생들도 미
국전의 결과가 무척 궁금한 눈치였다. 이왕《주역》을 배우러 온
김에 실습으로 점을 쳐보는 것도 공부에 도움이 될 것 같았다.

"미국을 이길 수 있을지 주역점을 쳐볼까요?"

수강생들이 더욱 흥분했다. 그들은 예상보다 더 경기 결과에 관심을 보였다.

모두가 숨을 죽인 가운데 점통에서 산가지를 뽑았다. 1~8까지 숫자가 그려져 있는 8개의 산가지를 넣고 총 세 번을 뽑는 방법으로 미국전의 결과를 점쳤다.

상육 용전우야 기혈 현황
(上六 龍戰于野 其血 玄黃)
'상육은 용이 들에서 싸우니 그 피가 검고 누렇도다.'

처음 뽑았을 때 8, 두 번째 뽑았을 때 8, 세 번째 뽑았을 때 6이 나왔다. 하괘 8, 상괘 8, 동효 6으로 중지곤(重地坤) 상육(上六)이 나왔다. 용이 들에서 싸우고 피가 검고 누렇다는 것인데 이를 축구 경기에 맞춰서 해석하면 이렇다.

'이날의 경기는 용이 들에서 싸우듯 매우 치열할 것이고 검은 피와 누런 피가 한 번씩 등장한다. 이는 매우 치열한 접전이 될 것이고 결과는 1 대 1로 비길 것이라고 해석할 수 있다.'

점을 치고 일주일 뒤에 대망의 미국전이 열렸다. 과연 어느 팀도 물러서지 않는 박빙의 승부였다. 특히 은퇴를 앞두고 마지막으로 월드컵 무대를 누비는 황선홍 선수는 절대로 물러서지 않을 각오로 임한 덕분에 기세가 등등했다.

전반 20분까지 경기는 팽팽했는데 황선홍 선수가 미국 선수 프랭키 헤이덕과 충돌하면서 머리를 크게 다쳤다. 잠시 황선홍이 빠지면서 경기의 흐름이 바뀌었고 미국이 한 골을 넣으면서 앞서갔지만, 후반 33분에 안정환이 동점골을 넣으면서 경기는 1대 1로 비겼다. 박지성 선수는 훗날 쓴 자서전에서 이날의 경기를 2002년 월드컵의 모든 경기를 통틀어서 가장 아찔한 경기였다고 평가했다.

절대, 절대, 절대 낙담하지 말라

《주역》의 곤(坤)괘는 땅 곤으로 부드러운 사람, 힘이 약한 사람이다. 곤괘는 땅을 의미한다. 음양의 이치로 보면 땅은 하늘에 대고 불평하지 않는다. 땅은 먹이를 찾아서 움직이고 계절마다 옷을 갈아입는 동식물과 달리 주어진 상황 그대로 사계절을 보낸다. 하늘의 뜻을 따르며 생명을 지키는 데에만 몰두한다. 한국은

새로운 나로 바로 선다는 것　　　　　　　　　　　　　67

미국과 비교하면 실력이 약했다. 그러나 실력의 차이를 끈질긴 노력으로 극복했다. 지금은 비록 처참하게 부족한 상황이라도 자신의 것이 작다고 낙담하지 않았다.

대지처럼 담담하게 하늘의 뜻에 따르는 사람이어야 어려움을 극복할 수 있다. 월드컵 국가 대표 선수들을 봐도 그릇이 큰 사람이어서 실력의 차이를 극복할 수 있었고 자기 확신이 있어서 고난을 넘어설 수 있었다. 어려울수록 바르게 행동해야 형통하며 대인이라야 길하고 허물이 없으니 어려움을 극복하려면 행동을 해야지 말로만 해서는 사람의 마음을 얻을 수 없다.

미국전에서 우리 선수들이 보여준 투지는 실천적인 행동 그 자체였다. 선제골을 넣었던 미국으로서는 운이 따르는 경기였다. 우리 선수들은 매우 큰 고난에 처한 셈인데 비가 내리는 와중에도 목이 터져라 쏟아지는 응원과 국가를 대표하는 선수로서의 자기 확신과 자부심으로 끝까지 밀어붙여 무승부를 얻어냈다. 비록 결과는 비겼으나 주장인 황선홍 선수의 부상으로 인해 초반부터 어려운 경기였음을 감안하면 우리가 이긴 것이나 다름없다. 만약에 우리 선수들이 작은 마음으로, 어차피 졌다고 투덜거리거나 부정적인 마음으로 임했다면 아주 크게 패배해도 이상할 게 없는 경기였다.

천 줄기 흐르는 눈물

다산의 삶에서 가장 큰 고난은 정조의 갑작스러운 죽음으로 시작됐다. 정조는 1800년 6월 28일에 창경궁 영춘헌에서 숨을 거두었다. 왕위에 오른 지 24년, 만 48세의 일이었다. 왕은 이미 7년 전부터 온몸에 종기가 나고 고름이 흐르고 현기증과 두통에 시달려왔다. 모두가 왕의 건강을 걱정하던 중이었다.

정조의 죽음은 다산에게는 그야말로 하늘이 무너지는 일이었다. 워낙 왕의 총애를 받은 탓에 왕이 권좌를 지키다가 죽자 다산을 죽이지 못해 안달인 이들이 한둘이 아니었다. 정조의 죽음으로 다산은 이리나 승냥이 떼가 우글거리는 들판에 내팽개쳐진 신세가 되었다. 정조의 시신이 궁을 떠나서 수원으로 가던 날, 다산은 그 모습을 보며 목 놓아 울었다. 그리고 이별의 시 《계인일술애(啓引日述哀)》를 지었다.

영구 수레 밤에사 노량나루 모래톱에 이르니
일천 개의 등촉이 비단장막을 에워싸네
단청한 배 붉은 난간은 어제와 같은데
임금님 넋은 어느 틈에 화성으로 가셨는가
천 줄기 흐르는 눈물은 옷깃 흠뻑 적시고

바람 속의 은하수도 슬픔에 잠겼어라

성곽과 대궐은 옛 모습 그대로이나

임금님 영정 모신 서향각 배알도 못 하게 막네.

정조는 위대한 성왕이었지만 조정을 독점하고 있었다. 그의 원대한 이상은 열매를 맺지 못했으므로 미래를 열지 못했다. 정조는 미완의 군주였고 제도를 마련해서 인재를 배치하고 국가 조직을 만들지 못한 채 죽음을 맞았다. 왕이 죽자 순식간에 국가의 대들보가 무너져 내렸고 왕실과 국가의 기강이 붕괴되는 사태가 벌어졌다. 그 바람에 다산의 고난은 유배 18년 동안 계속됐다. 그는 곤괘(坤卦)를 두고 이렇게 말했다.

'곤괘는 아름다움을 간직한다는 함장(含章)의 조건이며, 그 체현(體現)은 사상이나 관념 따위의 정신적인 것을 구체적으로 표현하거나 실현하는 일로 바로 만물을 다스리는 근본이다.'

고난은 나를 시험하는 수단일 뿐

곤의 기운이 강할 때는 현재 상황을 수용하고 후일을 기다려야 한다. 포부나 의견은 가슴에 묻어두고 소인의 세력을 따라가야 한다. 지금 무시당하고 있는 사람이 불만을 품고 반발한다면 더욱 무시당할 형국이다. 반발하지 말고 미래를 도모하며 참고 견디면서 동료들과 함께 무시당하지 않을 능력과 자격을 길러야 할 때이다.

만약에 상황을 반전시키려고 적극적으로 나서면 남과 다툼을 일으키고 감정적으로 대립해서 나쁜 결과를 초래한다. 따라서 사업이나 취직 같은 경우 지금은 때가 아니니 기다려야 한다. 혼인이나 잉태도 마찬가지이다. 열심히 노력하는 사람이 고난과 실력의 차이를 극복한다. 고난은 내가 노력하고 실천하는 사람인지 아닌지를 가릴 수 있는 지표이다. 고난이 닥쳤다고 불평만하지 말고 고난을 통해서 성장할 기회를 맞았다고 생각하라. 지금 우리에게는 큰 그릇의 마음가짐이 필요하다.

곤(坤)의 기운이 강할 때는 좋지 않은 상황이어도 힘들겠지만 그 상황을 힘껏 안고 함께 가라. 정치적인 공작에 휘말려서 오랜 세월 유배지를 떠돌면서도 순응했던 다산처럼. 그가 그렇게 했던 이유는 어리석고 겁이 많아서가 아니다. 자신의 의견이나 포부를 나타내거나 주장했다가 더 나쁜 일에 휘말리지 않도록 사전에 대비하기 위해서였다.

간절한 마음으로 본다는 것

풍지관
風地觀

자세하게 살펴본다는 것은 손을 깨끗하게 씻고
제사 음식을 올리지 않으면 믿음이 있어 우러러보리라.

《주역》에 '본다', '살핀다'는 의미의 괘가 있다. 바로 관(觀)괘
이다. '관(觀)'은 본다는 뜻으로 형상을 보면 상괘는 바람이고 하
괘는 땅이다. 땅 위에 바람이 부는 형상이며 언덕 위에서 백성을
살피는 의미가 있다. 관(觀)이라는 글자는 풀 초(艸)자 아래에 입
구(口) 두 개가 있고 아래에 새 추(隹)자가 있으며 옆에 볼 견(見)
이 있다. 풀숲 속에 있는 들짐승 새끼들과 새들을 보는 것과 같이
사물이나 사람을 자세하게 살피는 형상을 상징하는 글자이다.

이는 곧 '바람이 땅 위에 부는 것이 관이니 선왕은 사방을 성찰해서 백성을 살펴 정치해야 한다.(풍행지상관 선왕이성방관민설교 風行地上觀 先王以省方觀民說敎)'과 할 수 있다. 즉 바람은 눈으로 볼 수 없다. 우리가 바람을 보려면 바람에 흔들리는 사방팔방의 물건을 봐야 알 수 있다. 마찬가지로 왕의 정치가 선덕을 잘 베풀고 있는지 알려면 백성의 생활을 보고 반성하라고 가르친다.

관괘의 괘사(卦辭)는 '관, 관이불천 유부 옹약(觀, 盥而不薦 有孚 顒若)'이다. 즉 관망해야 하는 형국이다. 봐도 좋고 안 봐도 좋은 게 아니라 반드시 봐야 한다. 보통 사람의 생각으로는 제사를 지낼 때 손을 씻으면 곧바로 제사 음식을 올려도 될 것 같다. 그러나 손을 씻었다고 제사 준비가 끝난 것이 아니다. 음식을 올리기 전에 믿음과 정성과 경건함이 먼저 있어야 한다. 이는 신에게 들이는 정성과 경건한 마음이 먼저이고 제물의 화려함이나 장식을 추구하기보다 겸손하게 몸과 마음을 바치는 자세가 중요하다는 뜻이다.

주역점에서 관괘를 얻으면 관괘는 황새가 날아가면서 넓은 세상을 바라보고 관조하는 고풍관세(高風觀世)의 상이라고 본다. 그래서 교육이나 종교 등의 정신적인 일, 고상한 취미, 연구를 뜻한다. 또 이를 실천하기에 아주 좋은 시기라는 해석도 가능하다. 만약에 직업을 택한다면 교사나 종교인이 좋다. 그러나 세속적이고 물질적인 이익을 구하는 일에는 좋지 않다. 새로운 계획이나 거래, 사업, 소송은 멈춰야 한다.

땅 위에 바람이 불기 때문에 주거를 옮길 운도 있다. 변동의 의미이므로 혼인은 그렇게 좋지 않다. 혼인이 쉽게 성사되지 않고 성사돼도 여자 쪽이 강하므로 남자가 병이 들거나 좋지 않다.

또 관이란 그냥 보고 지나치는 것이 아니라 세상의 일을 상세하고 올바르게 살펴서 보는 자세를 뜻한다. 다른 한편으로는 보여주고 드러낸다는 뜻, 즉 현시(顯示)의 의미도 담고 있다. 보통 소리는 듣는다고 생각하지만, 불교에서는 소리도 본다고 한다. '세상의 소리를 본다'고 해서 관세음(觀世音)이라 한다. 관괘의 관은 관세음의 관이자 내관(內觀), 주관(主觀) 할 때의 관이기도 하다. 이는 본다는 것이지만 단순히 그냥 눈으로 보는 것이 아니다. 즉 마음으로 보는 행위이다.

보려는 마음이 있어야 제대로 보인다

나는 관괘 하면 관상이 떠오른다. 관상학은 사람의 외모로부터 내면을 파악하고 평가하는 학문이다. 그래서 그냥 눈으로 봐서는 진정한 관상을 파악할 수 없다. 가끔 눈 모양이 어떻고 귀

모양이 어떠하면 좋은 상이라는 말을 주워듣고 와서 섣불리 아는 척을 하는 사람이 있는데 그냥 보고 지나치는 게 아니라 상세하고 올바르게 봐야 관상을 제대로 볼 수 있다.

관의 자세로 사람의 얼굴을 보면 많은 걸 파악할 수 있다. 심지어 한 나라의 운명도 알 수 있다. 최근에 텔레비전을 보다가 관상학의 관점에서 우리나라의 운에 대해서 생각한 적이 있다. 요즘 과거를 추억하는 텔레비전 프로그램이 부쩍 늘었다. 1970~1980년대의 문화, 살림살이, 거리 풍경을 보여줌으로써 향수를 불러일으키고 재미도 준다.

"맞아, 저 때 저랬지."

"저 옷 입은 거 좀 봐."

그런 과거 영상을 자세히 보면 옛날 사람들의 관상, 특히 1950년대 영상을 보면 사람들의 관상이 좋아 보이지 않는다. 이마가 좁고 주름살이 깊게 패었고 이목구비가 균형을 잡아주지 못한다. 한마디로 전쟁과 가난을 겪으면서 고생이 배어 있는 얼굴이다.

이 세대의 관상은 이마가 넓어도 뒤로 푹 꺼져 있는 형태를 띠고 있다. 이 세대와 요즘 아이들의 관상을 비교해보면 차이가 두드러진다. 요즘 아이들을 자세히 살펴보면 이마 부위가 넓으면서 크게 튀어나와 있다. 이마에서 눈썹까지의 초년운, 눈썹과 코까지의 중년운, 그리고 코끝에서 턱 끝까지의 말년운이 절묘하게 균형을 갖추고 있다.

얼굴의 전체상도 둥글고 원만한 형태를 하고 있다. 귀도 인기를 끄는 당나귀 귀나 부와 명예를 함께할 수 있는 부처님 귀가 많다. 이런 관상이 옛날에 태어났다면 당연히 정승 자리는 한 자리씩 차지할 수 있을 것이다.

반면 일본 사람들의 관상은 근래 들어서 예전 세대보다 뒤처지는 감이 있다. 일반화하기는 어렵지만 이마 부분은 대체로 좁고 주름살도 많아졌다. 말년운에 해당하는 하각 부위가 좁고 전체적인 균형도 조악하다. 청년들의 관상만 봐도 일본은 국운이 약해지는 것을 알 수 있다. 반면 한국인의 관상은 전체적으로 좋아지고 있다.

"선생님, 관상을 잘 보는 비결이 뭡니까?"

관상에 관심이 많은 제자가 상을 보는 비법을 알고 싶으니 꼭 좀 알려달라고 사정하다시피 한 적이 있다.

"우선은 보려는 마음이 있어야지. 그리고 보려는 사람의 삶에 작은 희망이라도 줄 수 있어야 한다."

대답을 듣자마자 제자의 표정이 아주 복잡해졌다. 꼭 그게 무슨 비결이냐는 듯 어리둥절해 보였다. 그런데 관상을 잘 보려면 가장 먼저 얼굴을 세심하게 보고 해석하려는 의지가 있어야 한다. 그리고 내담자의 삶에 도움이 되겠다는 굳은 의지가 있어야 한다. 그런 마음 없이는 아무리 공부를 해도 상을 파악하지 못한다.

다산이 마음으로 본 것

다산이 살던 조선 시대에는 관상학이 널리 통용됐다. 문득 다산의 관상이 궁금하지 않은가? 다산은 어릴 때 천연두를 앓으면서 양 눈썹 사이에 흉터가 생겨서 오른쪽 눈썹이 세 갈래로 나뉘었다.

관상학에서 운명에 절대적인 영향력을 미치는 중요 부위가 눈썹이다. 관상에서 눈썹은 형제자매를 뜻하며, 후견인이자 배경이라서 어려움을 막아주는 역할을 한다. 눈썹이 끊어지거나 눈썹털이 적으면 수명과 건강, 형제운이 나빠진다. 눈 역시 관상에서 매우 중요한데 눈은 정신과 마음 상태를 표출하는 곳이고 눈썹은 눈을 보호하는 울타리이다.

다산은 눈썹에 흉터가 있었다. 다산이 유배를 떠나면서 고향의 큰형 정약현과 이별하고, 둘째 형인 정약전이 흑산도로 유배를 떠나면서 서로 만날 수 없고, 셋째 형인 정약종은 순교함으로써 한국 천주교 역사에 큰 발자국을 남겼다. 이렇듯 다산의 형제들은 매우 총명하고 똑똑했으나 운명에 의해서 죽거나 서로 떨어져 지냄으로써 형제간의 인연이 전혀 없었다.

뒷배경이 든든하지 못하고 초년에 부모운이 좋지 않은 운명이다. 실제로 그는 정치적 후견인인 정조가 일찍 세상을 떠났고 아홉 살에 모친을 잃었다. 또 그 자신도 죽을 고비를 넘기며 18년 동안 유배 생활을 했다.

하지만 정약용은 관상을 믿지 않았다고 전해진다. 단순히 상을 보고 좋으니 나쁘니 하는 건 어리석은 짓이라고 꼬집었다.

"세상엔 재덕(才德)을 충분히 간직하고도 액궁하여 발휘하지 못하는 사람, 이해와 귀천에 밝았는데도 평생 곤궁한 사람이 있다. 둘 다 관상에다 허물을 돌리지만, 처음부터 관상을 따지지 않고 우대하고 자본을 대주었더라면 재상도 되고 큰 부자도 되었을 것이다."

대신에 다산은 '관상불여심상(觀相不如心相)'이라는 말을 믿었다. 관상학적으로 예정된 운명을 뛰어넘는 것이 바로 마음이다. 행동과 습관이 바뀌면 운명도 달라지는 법이다.

다산은 또 빼어난 관찰자이기도 했다. 다산이 발명과 학문에 능통했던 까닭은 어떤 현상의 이면을 보는 능력이 뛰어났기 때문이다. 남들 눈에 보이지 않는 것까지 볼 수 있으니 세상에 없던 새로운 것을 창조했고 그렇게 보면 그는 관의 기운이 매우 강한 사람이다.

사물을 눈으로 바라보는 건 다 똑같은 행위처럼 보일지라도 어떤 태도를 갖는지에 따라서 똑같은 행위도 달라진다. 보일 시(示)가 있고 볼 시(視)가 있다. 보일 시(示)는 눈을 뜨면 저절로 보이는 상태이다. 어떤 일에 따르는 당연한 결과이기도 하다. 반면에 볼 시(視)는 의식적인 행위로 보고 싶어서 보는 것을 뜻한다. 여기서 더 나아가면 관이 있다. 관은 이성적 행위이자 관찰(觀察)을 뜻한다. 어떤 목적을 갖고 충분히 보는 행위를 말한다. 공자는 《논어》를 통해서 이렇게 말했다.

시기소이, 관기소유, 찰기소안, 인언수재, 인언수재
(視其所以, 觀其所由, 察其所安, 人焉廋哉, 人焉廋哉)
'그 사람이 행하는 바를 잘 보고, 이어 그렇게 하는 까닭이나 이유를 살피며, 그 사람이 편안해하는 것을 꼼꼼히 들여다본다면 사람들이 어찌 그 자신을 숨기겠는가? 사람들이 어찌 그 자신을 숨기겠는가.'

누군가를 자세히 관찰하면 자신을 숨길 수 없다는 뜻이다. 다산은 이를 더 보충해서 설명했다.

'시(視)는 혹 보이는 것에 마음이 없을 수도 있으나 대학에 이르기를 마음이 거기에 있지 않으면 보아도 보이지 않는다고 하였다. 관(觀)은 보는 것에 반드시 의지가 있으며, 주역에 관(觀)이라고 한 말이 있다. 찰(察)은 보는 것이 더욱더 상세하고 정밀한 것이다.'

사람이 사물이나 어떠한 현상을 볼 때 시(視)보다 관(觀)의 태도로 더 정밀하고 자세히 들여다봐야 진짜 뜻이 보인다는 말이다.

순리대로 살면 바라던 삶이 온다

천뢰무망
天雷无妄

마음을 비운 사람은
적극적으로 행동해도 길하니라.

주위에 어려운 일로 힘들어하는 사람이 있으면 어떤 말로 위로 하겠는가. 요즘은 '힘내!', '잘될 거야' 대신에 '존버는 승리한다' 라고 조언한다. 존버는 운명이 나를 선택할 때까지 버티라는 말이다. 존버는 이전에 유행했던 '노오력'과는 다르다. '노오력'은 타인에게 더 노력하라고 닦달하고 몰아세우는 언어이다. 사회의 부조리한 시스템 때문에 벌어진 불평등도 개인이 노력하지 않아서 뒤처졌다고 더 노력하라고 꾸짖는 현상을 두고 쓰는 말이다.

반면에 존버는 희망을 내포한다. 지금 이곳에서 열심히 버텨도 앞날이 나아질지 아닐지 알 수 없다. 그렇지만 버티지 않으면 좋은 날을 맞을 수 없는 게 사실이다. 한 치 앞도 내다보지 못하는 게 우리의 인생이라면 그저 매 순간을 충실하게 살아가는 것 외에는 방법이 없다. 이럴 때 생각나는 괘가 있다면 무망이다.

무망괘(无妄卦)의 형상은 번개 위에 하늘이 자리하고 있다. 번개가 내리칠 때 하늘은 어떤가? 땅에 있는 사람들은 두려워하고 벌벌 떨지만, 하늘은 흔들림이 없다. 반면에 하늘 아래에서는 날카로운 번개가 무서워서 경거망동하지 못한다. 따라서 무망괘의 뜻은 '참고 견디면 허물이 없다'이다. 무분별하게 움직여서 화를 부르지 말고 본분을 지켜야 한다. 굳게 자신의 본분을 지키면서 버티지 않으면 안 된다. 무망괘에서 특히 중요한 것은 순리이다. 어떤 일이든 시의적절하게 순리에 따라야 한다. 바른길로 가도록 굳게 지켜야 하고 경우에 없는 욕심이나 야망을 품으면 화를 당한다.

순응하고 기다려야 할 때가 있다

가끔 운명상담을 청하면서도 순리를 어기는 자들이 있다. 언제인가 사주를 봐달라고 젊은 아가씨가 찾아왔는데 정해진 시간이 끝나서 어렵다고 해도 막무가내였다.

"10분만 시간을 내주세요, 선생님."

계속 간청하는 모습이 이상하고 그렇게 젊은 아가씨가 사주를 보는 일도 드물었다. 그는 두 명의 남자 사주를 건넸다.

'남편이 될 후보들인가?'

나는 으레 궁합을 볼 거라고 짐작하고 사주를 받아 적었다.

그런데 둘 중에 먼저 풀이한 남자의 사주가 심상치 않았다. 오행으로 대장, 폐, 직장을 상징하는 금의 기운이 강했다. 심지어 금의 살성이 겹겹으로 겹쳐서 사주의 주인은 폐, 대장, 직장 중 하나에 암이 생겨서 이미 세상을 떠난 사람의 사주였다.

'이게 뭐야?'

괴이하게 여기며 또 다른 사람의 사주를 풀어가는데 이번에는 교통사고로 죽은 사람이었다. 가끔 일부러 어려운 사주를 가지고 와서 시험하고 제대로 해석하지 못하면 사람들 앞에서 면박을 주는 몰지각한 사람이 있다는 말은 들었다. 그런데 이 젊은 아가씨가 나를 시험하고 망신시키려는 의도로 죽은 사람의 사주를 들고 온 걸까? 펜을 내려놓으면서 큰소리로 야단을 쳤다.

"지금 죽은 사람의 사주를 가지고 와서 누구 놀리는 겁니까?"

호통에 놀란 여성은 어쩔 줄 몰라 하더니 눈물을 터뜨렸다. 일부러 죽은 사람 사주를 들고 와 놓고 눈물을 흘리는 이유는 또 뭘까? 뭔가 사연이 있는 것 같았다.

한참 눈물을 흘리던 그가 진정하자 본격적으로 상담이 시작됐다. 그가 봐달라고 한 사주의 주인공들은 모두 그의 남자친구였다. 첫 번째 남자는 19세에 만나서 4년을 만났는데 앞길이 구만 리인 나이에 직장암으로 죽었다. 이후에 새로 만난 남자도 몇 개월 되지 않아서 교통사고로 죽었다. 기구하기 짝이 없는 팔자를 뭐라고 설명할 수 있을까?

"혹시 제 탓으로 한 명도 아니고 두 명이나 세상을 떠났을까 봐 두려웠어요. 선생님, 저에게 살이 낀 게 아닐까요?"

착하고 눈물도 많은 어린 아가씨가 할 법한 생각이지만 사실은 그렇지 않았다. 첫 번째 남자는 운이 결정되어 죽었다기보다 검사만 미리 받았어도 죽음까지 가지 않을 운명이었다. 만약 살았다면 중년, 말년으로 갈수록 돈과 명예를 얻을 운명인데 참으로 안타까운 일이었다. 두 번째 남자의 죽음도 젊은 여성의 운명과는 무관했다. 나는 나이 어린 여성의 처지가 안타까워서 근거를 하나씩 설명하며 위로해주었다.

"당신의 사주에는 세 번째 남자가 있어요. 그러니 한 번의 기회가 더 남아 있어요. 그 남자와는 순리대로 같이 살고 아이도 낳아 기를 거예요. 걱정하지 말아요."

"정말 그런 일이 저에게 일어날까요?"

"그럼요. 운명에 순응하고 기다리면 그런 날이 곧 옵니다."

경거망동하면 화를 부른다

무망괘를 해석할 때 '무망지질 물약유희(无妄之疾 勿藥有喜)'라
는 구절이 있다. 이는 무망은 질병이나 약을 쓰지 않아도 낫는다
는 뜻이다. 낫기 위해서 경거망동하지 말고 약을 사용하지 않아
도 저절로 낫는 병이 있다. 무망지질(无妄之疾)은 하늘로부터 얻
은 병이기 때문에 약이나 치료 방법이 없다. 대표적인 예로 입덧
은 질병이긴 하지만 아이를 가진 여성에게 나타나는 자연스러운
병이다. 입덧을 치료하려고 약을 먹는 경우는 없다. 아이가 잘 자
라서 엄마 몸에 자리 잡으면 자연스럽게 치료된다.

또 37년째 한국인 사망원인 1위인 암은 대개 염증으로 시작하
는데 우리 몸의 모든 염증을 다 제거하면 평생 암에 걸리지 않고
장수할 것 같지만 꼭 그렇지만도 않다. 염증이 생겼다고 해도 그
가운데 다수가 저절로 사라지기도 한다. '긁어서 부스럼을 만든
다'라는 옛말도 순응하지 않아서 생기는 문제를 꼬집는다.

앞서 언급한 여성도 고통스러운 일을 겪었지만 내가 보기에는

하늘로부터 일시적으로 병을 얻은 셈이었다. 온몸이 아프고 고열로 고생하다가도 한바탕 앓고 한숨 푹 자면 다음 날 깨끗이 낫듯이 시간이 흐르고 세 번째 남성이 나타나면 씻은 듯이 나을 일이었다. 만약에 지금 당장 괴롭다고 해서 사이비 역술인의 말에 현혹되어 부적을 쓰거나 굿을 하면 오히려 겪지 않아도 될 화근을 만들 일이다.

무망괘의 의미처럼 자연의 흐름에 맡기고 순리대로 행해야 한다. 돌이켜보면 무리하게 일을 추진하려다 오히려 일을 망친 적이 있지 않은가? 사업, 거래, 소망 등은 인위적인 행위를 하지 말고 자연의 흐름에 맡겨두면 좋은 소식이 온다. 이때는 혼인도 서두르면 문제가 생기니 운에 맡기면 좋고, 잉태도 불안하지만 곧 평정으로 돌아오니 걱정할 필요가 없다.

평생 한 번은 자신만의 기회가 온다

뇌화풍
雷火豐

풍(豐, 풍요 또는 풍년)이란 형통한 것이다.
왕이어야 지극히 다할 것이니 근심하지 말지니
해가 중천에 있어 온 세상을 비추고 있음이 마땅하지 않은가?

새로 거른 막걸리 젖빛처럼 뿌옇고

큰 사발에 보리밥, 높기가 한 자로세.

밥 먹자 도리깨 잡고 마당에 나서니

검게 탄 두 어깨 햇볕 받아 번쩍이네.

옹헤야 소리 내며 발맞추어 두드리니

삽시간에 보리 낟알 온 마당에 가득하네.

주고받는 노랫가락 점점 높아지는데

보이느니 지붕 위에 보리티끌뿐이로다.

그 기색 살펴보니 즐겁기 짝이 없어

마음이 몸의 노예 되지 않았네.

낙원이 먼 곳에 있는 게 아닌데

무엇 하러 벼슬길에 헤매고 있으리요.

_정약용의 〈보리타작〉 중에서

농부들은 곡식을 타작하고 모를 심으면서 노래를 불렀다. 이제 이런 노래가 없어진 지 오래지만, 내가 어릴 때만 해도 구성진 가락이 논밭에 울려 퍼졌다. 농사를 중요하게 생각한 다산은 손수 농사를 짓기도 했다. 그리고 유배지에서 두 아들에게 보내는 편지에 이렇게 썼다.

'내가 유배가 풀려서 몇 년이라도 너희와 생활할 수 있다면 너희의 몸과 행실을 바로잡아 효제(孝弟)를 숭상하고 화목하게 지내는 습관이 들도록 할 것이다. 경전과 사서를 연구하고 시례(詩禮)를 담론하면서 4000여 권의 책을 서가에 진열해놓고 일 년 정도 먹을 양식을 걱정하지 않도록 심어 잘 어울리게 하고 그것들이 무성하게 자라는 것을 구경하면서 즐거워할 것이다. 마루에 올라서 방에 들면 거문고 하나 놓여 있고, 주안상이 차려져 있으며, 투호 하나, 붓과 벼루, 책상, 도서들이 품위 있고 깨끗하게 놓여 있어 흡족할 만할 때, 마침 반가운 손님이 찾아와 닭 한 마리에 생선회 안주 삼아 탁주 한 잔에 맛있는 풋나물을 즐겁게 먹으며, 어울려 고금의 일을 논의하면서 흥겹게 산다면, 비록 폐족이라 하더라도 안목이 있는 사람들이 우리를 부러워할 것이다.'

다산의 이 글은 읽고 또 읽어도 저절로 미소가 지어진다. 비록 폐족이라는 멍에를 지고 살아야 할 처지이지만 그에게는 권력이나 지위로 얻지 못하는 낭만이 있었다. 그가 유배지에서 풀려나 가장 먼저 해보고 싶은 일은 명예를 되찾고 벼슬에 다시 나가는 게 아니라 두 아들과 함께 화목하게 사는 것이었다. 먹을거리를 재배해서 무성하게 자라는 모습을 보면서 책을 쌓아두고 예를 들어 담론하는 생활 말이다. 또 풋나물에 생선회, 닭고기를 곁들여서 탁주를 한 잔 마시고 반가운 손님과 함께 흥이나 돋우며 살고 싶다는 대목을 보면 인간 다산이 얼마나 진솔한 사람인지 알 수 있다.

여기서 그는 선비라고 해도 손수 농사를 짓겠다고 했다. 학문을 게을리하지 않으면서도 실용을 추구하는 그의 성향을 여기서 알 수 있다. 아무리 고고한 선비라도 입에 밥이 들어가야 살 수 있다. 실용이 받쳐주지 않으면 쉽게 품위를 잃을 수 있고 돈에 쪼

들리면 낭만도 즐길 수 없지 않을까.

삶이 내 마음처럼 되지 않을 때

실제로 다산은 편농(便農)을 주장했다. 편하게 농사지을 방책을 마련하지 않으면 농업 발전이 어렵다고 보고 이미 그 시대에 농업이 기계화되어야 한다고 생각한 사람이다. 그렇지만 아무리 기계화돼도 농사는 힘들고 고통스러운 일이다. 얼마나 힘들면 보리타작을 하는데도 여럿이서 노래를 부르면서 흥을 북돋아야 할까. 세계 어느 곳에서도 농사를 지으면서 노동요를 부르지 않은 민족이 없다. 그만큼 필요하지만, 고생스러운 일이기 때문이다.

그런데 우리 인류는 농경을 택했다. 단순히 먹고살기 위해서일까? 먹고사는 문제도 중요하지만 사실 농사는 굉장히 자연적인 동시에 인위적인 행위이다. 농사를 짓는 사람은 자연에 순응하고 고마워하는 마음이 있어야 한다. 현대에 와서 상업화된 농사는 그런 겸손한 마음 없이 마구잡이로 땅을 일구고 농약을 뿌리지만 다산이 살던 시대에는 그렇지 않았다.

그때는 농사가 신성한 일이었다. 곡식이 잘 자라게 땅이 도와줘야 하고 햇볕이 내리쬐야 하며 비가 적절히 내려줘야 한다. 자연이 돕지 않으면 농사는 쫄딱 망하고 인간은 굶어 죽는다. 그래서 우리의 조상은 무망괘의 의미처럼 자연에 순응했다. 자연이 순리라고 생각하고 따르며 신성시하고 예를 갖추었다.

또 어느 집에 큰 농사일이 있으면 어떻게 할까? 온 집안사람이 모두 모여서 도왔다. 지금처럼 개인화된 사람은 절대로 농사를 지을 수 없다. 가족끼리 아무리 싸우고 틀어져도 다시 얼굴을 봐야 한다. 농사를 지으려면 강제로라도 화해할 수밖에 없다. 또 이런 일이 있으면 이웃 사람들까지 모두 초대해 점심과 저녁을 함께 먹는다. 인정과 마음을 나누면 사람들이 모두 온순해진다. 무망의 마음으로 살 수 있다.

이제는 이런 일이 모두 옛날이야기이고 옛날이 좋았으니 다시 농사를 짓고 살자는 이야기가 아니다. 다만 지금 우리 인류가 팬데믹이라는 최악의 재난을 맞았고 평범한 일상을 위협받는 가운데 생각해보자는 거다. 이 재난을 어떻게 극복해야 할 것인가? 삶이 좀처럼 마음대로 되지 않을 때 어떻게 하는 게 현명한가?

우리가 모두 큰 위기에 처했지만, 정답은 없다. 정답이 있다면 누군가가 벌써 손을 썼을 것이다. 하늘의 뜻은 아무도 모른다. 오직 그것만이 진리이다. 그래서 나는 무망의 자세를 강조한다.

명문가에 태어나서 최고 벼슬에 올랐지만, 하루아침에 망하고 폐족이 된 다산은 손수 농사를 지으면서 마음을 풍요롭게 살찌웠다. 우리도 들끓던 욕심을 조금 내려놓고 마음부터 다잡자. 내 할 일을 묵묵히 하다 보면 언젠가는 천명의 때가 온다. 그때 순응하며 살 줄 알았던 사람은 다시 흥할 것이고 경거망동했던 사람은 자신의 행위가 발목을 잡아서 넘어질 것이다.

그러니 지금 좋은 운에 있다면 그 운을 더 나은 방향으로 사용하라. 대신에 남에게 해를 끼치는 데 사용하지 말자. 지금 나쁜 운에 있다면 하루를 의미 없이 보내지 말고 자신을 갈고닦자. 다산처럼 농사를 짓고 독서에 매진할 수 없으면 화분이라도 기르고 명상이라도 하라.

마음이 흔들린다고 무작정 휘청거리지 말고 마음의 주인으로서 중심을 다잡자는 말이다. 불운을 겪는 사람들은 하늘도 무심하다고 말하지만, 그 무심한 하늘이 누구에게나 기회를 준다. 평생 기회가 단 한 번도 없는 사람은 존재하지 않는다. 그 기회를 잡아 어떻게 쓰느냐는 인생의 주인인 당신의 손에 달렸다.

승(升) 운이 오를 때는 겸손해야 길하다.

려(旅) 나그네는 곧아야 길하다.

태(兌) 기쁠 때 바르게 행동해라.

중부(中孚) 믿음 앞에서 신중하라.

기제(旣濟) 완성한 자는 이익이 적다.

미제(未濟) 진행 중인 자는 크게 노력해라.

소축(小畜) 작은 욕심은 형통하다.

비(否) 차분하게 은둔하며 절제하라.

겸(謙) 겸손으로 인격을 꽃피워라.

감(坎) 함정에 빠졌다면 벗어나고자 노력하라.

2 장

정해진 운명을 넘어선다는 것

: 흔들리지 않는 중심을 잡고 싶을 때 괘를 알면 사람이 보인다

운명을 따른다는 것의 진정한 의미

중뢰진
重雷震

진(깜짝 놀랄 일)은 형통하니 갑작스러운 일이 오면
놀라고 놀라면 웃음소리가 깔깔거리니 우레가 백리를 놀라게 함에
제사장이 숟가락과 술을 떨어트리지 아니하느니라.

사주명리 전문가로서 다산은 어떤 운명을 타고났는지 궁금했
다. 다산의 생년월일시는 1762년 6월 16일(음력) 사(巳)시이다.
목, 화, 수, 금, 토의 오행 가운데 화의 기운이 가장 강하고 인성,
재성, 관성, 비겁, 식상으로 나뉘는 육친 가운데 비겁의 기운이
매우 강하다.

	시주	일주	월주	년주
육친	편인		비견	정재
천간오행	을목 乙木	정화 丁火	정화 丁火	임수 壬水
지지오행	사화 巳火	미토 未土	미토 未土	오화 午火
육친	겁재	식신	식신	비견

　오행 중에서 화(火)의 기질은 열정적이고 적극적이며 실천적이고 행동파이다. 이런 기질은 모험적인 성격으로 표출된다. 또 표현하기를 좋아하고 통합적이며 융합적으로 사고하고 긍정적이면서 통섭적인 성격을 보인다. 육친 가운데 비겁의 특성과 기질은 인정받고 칭찬받으려는 욕구가 강하다. 또 에고가 강하며 자신의 지식, 기술, 예술인 능력을 드러내고 싶어 한다.

　다산이 '한자가 생긴 이래 가장 많은 저술을 남긴 학자', '18세기 실학사상을 집대성한 한국 최고의 실학자'로 명성을 날린 건 사주의 특징이 한몫한 결과이다. 화(火)와 비겁(比劫)이 강한 기질의 사람은 자신을 세상에 드러내고 싶어 하고 다양한 학문을 통합하고 통섭하는 일을 좋아한다.

　그는 평생 자신의 생각을 적극적으로 드러냈다. 유배지에서는 가족과 친구들에게 수시로 편지를 쓰며 의견을 전했다. 《여유당전서(與猶堂全書)》에는 다산이 유배지에서 두 아들과 형, 제자들에게 보낸 편지가 실려 있다. 아들들에게 남긴 편지를 보면 이런 부분이 보인다.

'폐족으로서 처신을 잘하는 방법은 오직 독서밖에 없다.'
'이른 새벽부터 밤늦게까지 부지런히 책을 읽어서 이 아비의 간절한 소망을 저버리지 말아다오.'
'역사책을 읽고 얻은 견해를 몇 편이나 글로 지었느냐?'
《고려사(高麗史)》에 초록(抄錄)을 다는 공부는 왜 아직 하지 않았느냐?'
'궁금한 부분이 있다면 왜 질문하지 않느냐?'
'내가 지금까지 너희들이 공부를 몰라서 편지로 수없이 권했는데 너희는 아직 경전이나 예악에 관해서 하나도 질문을 하지 않으니 어찌 된 셈이냐? 내 말을 무시한단 말이냐?'

공부를 열심히 하지 않는다고 편지로 잔소리를 전한 셈인데 에둘러서 표현하기보다 직설적으로 할 말을 다 하고 다소 다혈질적인 기질도 엿보인다.

다산은 1811년 겨울 흑산도에서 귀양을 살던 둘째 형 정약전에게 인생과 학문과 삶의 철학에 대한 수준 높은 장문의 편지를 보내기도 했다. 그의 글을 보면 열정적이고 적극적이며 모험적인 기질이 모두 드러난다.

'남자는 모름지기 사나운 새나 짐승처럼 전투적인 기상이 있어야 합니다. 그러고서 그것을 부드럽게 교정하여 법도에 맞게 다듬어가야만 유용한 인재가 되는 것입니다.'

두 아들이 아버지의 유배로 인해서 침울하게 지내고 있었을 때 다산은 위로의 편지를 썼다.

'사람들이 모두 너희들을 비판하거나 업신여길 수도 있다. 그러나 슬퍼하지 말라. 아비가 죽었느냐? 아비가 죽거든 그때 울어라. 자주 웃어라. 주변에서 웃을 수 있는 것을 찾아라. 없으면 남의 것을 빌려서라도 웃어라.'

공부하지 않는다고 화를 낼 때와는 사뭇 다른 어조로 상황이 좋지 못해도 웃으라고 했다. 그는 위기와 절망 속에 있을수록 희망과 긍정의 힘이 절실하다는 걸 알고 있었다. 화(火)의 기운이 강하고 여기서도 긍정적인 성격이 돋보인다.

또 육친 가운데 비겁(比劫)이 강한 성격은 그가 쓴 글에서 그대로 나타나는데 이 글은 고등학교 교과서나 시험에 자주 등장하는 〈수오재기(守吾齋記)〉의 일부이다.

'수오재기(守吾齋記)라는 이름은 큰 형님이 자신의 집에다 붙인 이름이다. 나는 처음에 이 이름을 듣고 이상하게 생각하였다. 나와 크게 맺어져 있어 서로 떨어질 수 없는 가운데 나보다 더 절실한 것은 없다. 그러나 굳이 지키지 않더라도 어디로 가겠는가? 이상한 이름이다. 내가 장기로 귀양 온 뒤에 혼자 지내면서 잘 생각해보다가 하루는 갑자기 이 의문점에 대해 해답을 얻게 되었다. 나는 벌떡 일어나 이렇게 스스로 말하였다. 천하 만물 가운데 지킬 것은 하나도 없지만, 오직 나만을 지켜야 한다.'

육친 가운데 비겁이 과다한 다산은 자신에게 무척 관심이 많았다. 이는 자신을 관찰하고 자아를 탐색하며 사색에 잠기는 습관으로 이어졌고 학자로서 학문을 연구하고 글을 쓰는 데에도 크게 도움이 됐다.

다산은 10세 이전에도 이미 시문을 모아서 문집을 엮은 바 있다. 어린 나이에 책으로 묶을 정도로 글을 많이 쓰고 글솜씨가 빼어난 것도 놀랄 일인데 문집의 제목이 참으로 독특하다. 문집의 제목이 《삼미자집(三眉子集)》인데 '눈썹이 세 개인 사람의 문집'이라니 참으로 독특하지 않은가?

다산은 두 살 때 천연두를 앓다가 죽음의 문턱까지 갔다고 전해진다. 이때 오른쪽 눈썹 위에 흉터가 남아서 눈썹 중간이 끊겼고 그런 뒤로는 마치 눈썹이 세 개가 있는 것처럼 보였다. 그래서 자신의 호를 삼미자(三眉子)라고 지었다.

어린 나이에 흉터가 창피할 법도 하나, 다산은 흉터를 숨기지 않았다. 오히려 개성으로 삼고 과감하게 자신의 호와 문집의 제목으로 삼았다. 이 또한 화가 많은 사람의 직선적이고 과감한 성격이 발휘된 일화라고 할 수 있다.

함부로 점치지 말라

다산은 운명이나 하늘의 뜻을 얼마나 믿었을까? 다산은 《주역》을 점서(占書)로 바라보았다. 주자(朱子)가 《주역》을 점서이자 수양서로 본 것과 사뭇 다르다. 다산은 《주역》의 내용 중 상당수에 점서와 점이 있음을 강조하지만, 의리(義理)의 성격도 있다고 보았다. 또 자연의 본질을 묘사한 《주역》의 상징체계가 인간에게 자신을 포함한 물질적인 자연의 본질을 볼 때 총체적인 시각과 전망을 제공한다고 보았다.

다산은 당시의 학자들이《주역》을 아주 고상하고 이상이 높고 원대한 것으로 보는 걸 비판하였다. 그러면서《주역》의 다양하고 총체적인 모습을 강조했다.《주역》은 다산에게 유교의 윤리 규범서나 형이상학적 이론서이기 이전에 인간의 삶을 조명하는 실존적인 문제를 다룬 책이었다.

'복서(과거를 알아맞히거나 앞날의 운수를 미리 판단하는 일)란 천명을 받는 것이다. 그러므로 장차 할 것이 있고 행할 것이 있어서 복서하는 것인데 후에 사람들은 이미 행하였거나 행한 것을 두고 복서한다. 이는 하늘의 기밀을 염탐해서 하늘의 뜻을 시험하는 큰 죄이다.'

_《주역사전》 중에서

다산은 백성이 복서를 천명(天命)을 받아서 사용했고 이것을 품명(稟命, 의리에 맞지만 성패가 분명하지 않은 것을 하늘에 묻는 것)이라고 했다. 그런데 인간은 품명보다 자신의 복록, 영광, 지위, 명예를 점치는 데 집중하고 복서로 성공과 실패만 탐하려 했다. 그래서 다산은 하늘을 속이고 신을 모독한다고 경계했다.

사람에게 욕망은 무엇인가? 프랑스 파리에서 태어나서 의학

박사 학위를 받은 정신분석 학자이자 철학자 자크 라캉(Jacaues Lacan)은 주체와 욕망의 문제를 주요 관심사로 삼았다. 라캉은 욕구(Need)와 욕망(Desire)를 구분하면서 욕구는 생존에 꼭 필요한 것, 즉 먹고 자고 추위를 피하는 것이고, 욕망은 사회적으로 인정을 받기 위한 상징이라고 정의했다. 예를 들면 착한 아이, 공부 잘하는 학생, 유능한 직장인이 되고 싶은 마음을 욕망으로 분류했다. 인간은 이 욕망 때문에 복서로 점을 친다. 내 욕망이 이루어질 수 있는가, 없는가가 너무나 궁금하기 때문이다.

그런데 욕망은 생각처럼 간단하지 않다. 사람은 대개 타인이 바라는 걸 덩달아서 원한다. 예를 들면 누구나 유명인, 재력가, 존경받는 전문가를 원하니까 자신도 그걸 원한다고 착각한다. 그래서 남의 욕망을 따라서 노력하다가 성공한 후에야 허탈감에 빠진다. 뒤늦게 그 욕망이 자신의 욕망이 아니라 타인의 욕망이었음을 깨달았기 때문이다.

인간은 누구나 욕망하기 때문에 불안하다. 미래가 불확실해서 욕망이 이뤄질지 좌절될지 알 수 없고 예측도 불가능하다. 이런 미래 때문에 자신의 능력에 한계를 느낀다.

동물은 미래를 걱정하지 않는다. 오직 인간만이 미래를 걱정하고 예측 불가능하고 불확실한 미래를 궁금해하고 알고 싶어 한다. 미래가 궁금한 만큼 미래를 알 수 없어서 답답하다. 그래서 근원적인 존재인 신에게 의존해서라도 미래를 알고 싶어 한다. 초월적인 존재인 신에게 질문하고 신에게 답을 구하고 신에게 미래를 선택할 권리를 내맡긴다.

《주역》은 왜 세상에 나왔는가? 《주역》은 무엇을 위해서 만들어졌는가? 이 질문에 다산은 그 나름대로 답을 구했다.

'《주역》은 성인(聖人)이 천명, 그 뜻에 따르기 위한 것이다.'

이것이 다산이 《주역》을 주석(註釋)한 이유이다. 다산은 《주역》이 천명을 올바르게 파악하기 위해서 만들어졌다고 보았고 바르지 않은 일로 천명을 물어서는 안 된다고 했다. 오직 의리에 맞아야 하고 성공, 실패, 이익이 분명하지 않은 경우에만 천명을 물어야 한다고 했으며 이것을 품명(명령을 따르는 일)이라고 명명했다.

다산은 《주역》을 해석함으로써 미래에 내 욕망이 실현되는지 예측하는 탐명(探命)이 아니라 하늘의 뜻을 알고자 하는 품명을 실현하고자 했다. 즉 천명은 신비한 일이나 미신으로 만드는 걸 경계하고 소인의 탐명을 비판하고자 했다. 동시에 군자의 품명을 강조했다.

그러면 《주역》은 하늘의 명을 청하여 순응하기 위해서 만들어진 걸까? 그렇다면 《주역》이 거북이 껍질을 태우는 점이나 동전을 던지는 점보다 나을 이유가 없지 않을까. 그러나 이런 점들은 육경으로 받아들여지지 않고 역은 받아들여졌다. 이는 《주역》이 단순히 하늘의 뜻을 점치는 걸 넘어서 인간의 삶에 지침이 될 수 있는 장점을 갖기 때문일 것이다.

《주역》은 음양으로 길흉화복을 설명하고 세상의 원리와 만물의 성질을 설득력 있게 설명한다. 복서를 위해서 고안된 추이, 효변 등의 이론이 《주역》을 경학(경전을 해석하는 학문)의 연구 대상으로 올라서게 한 계기가 되었다.

여기서 우리는 다산의 《주역사전》이 복서적 측면에서가 아니라 경학서로서 역학의 독특한 이론 체계에서 새로운 의의를 개척하였음을 알 수 있다. 다산이 매진한 연구의 진정한 의의는 바로 《주역》 이론과 관련된 경학으로서의 《주역》 연구에 있었다.

지혜로운 사람과 함께하라

지화명이
地火明夷

현명한 사람은 어려움을 이기고 바르게 함이 이로우니라.

상고 시대 중국의 은(殷)나라는 동이(東夷)족이 세운 나라이다. 은나라의 마지막 왕은 주(紂)임금이다. 그런데 그는 중국의 대표적인 폭군으로 악명이 높았다. 기자(箕子)는 덕을 갖춘 사람으로 조카인 주 임금의 폭정을 두고 볼 수 없었다. 기자는 왕에게 간곡히 간언했다.

"제발 충신들의 말을 귀담아듣고 백성을 굽어살피소서."

그러나 그 말을 들을 왕이 아니었다. 왕은 도리어 기자를 해하려 했고 기자는 이를 모면하기 위해서 거짓으로 미친 척했다. 그렇게 자신을 보호해서 살아남아야 후세를 가르칠 수 있기 때문이었다.

한편 문왕(文王)이라는 주임금 시절의 제후였던 왕이 있었다. 문왕이 덕으로 주나라를 잘 다스려 민심을 얻자, 이를 두려워한 폭군이 문왕을 옥에 가두었다. 목숨이 위태로워진 문왕은 덕을 감추고 겉으로 주왕을 섬기는 척하는 방법으로 고난을 넘겼다. 또 그가 감옥에 갇혀 있으면서 폭군에게 시달리자 피해를 본 사람들에게 나아갈 바를 가르쳐주기 위해서 주역점을 치기도 했다.

이 이야기를 보면 덕이 있는 기자와 문왕은 어려움을 극복하기 위해서 덕을 감추었다. 백성과 나라에 이바지할 수 있는 때를 기다린 셈이다. 두 사람이 위기를 극복하는 방법은 서로 닮았다. 이렇게 위기를 극복하는 지혜를 의미하는 '지화명이괘(地火明夷卦)'에서 그 뜻을 자세하게 풀이한다.

명이(明夷)는 밝을 명(明)자와 상할, 또는 감출 이(夷)자를 쓰는데 밝음이 상했거나 밝음을 감춘다는 뜻이다. 한마디로 난세, 매우 어려운 형국에서 쓸 수 있는 지혜를 말한다. 명이괘를 해석하는 괘사에서도 밝음이 상할 때는 정(貞)함이 이롭다고 한다. 어려운 일이 있더라도 바르게 행해야 이롭다는 뜻이다. 이를 행한 사람이 앞서 소개한 이야기 속의 기자이다.

마음으로 사람을 이끄는 법

명이의 다른 뜻은 '백성에게 밝음을 감추고 다가서라'이다. 군자가 많은 아랫사람을 가까이할 때 안으로는 세상의 이치를 다 알면서도 밖으로는 모르는 태도로 백성의 허물을 눈감아 주면서 나라를 다스리고 이끌어가는 형국을 말한다. 백성이 잘못한 바를 다 드러내고 꾸짖기보다 백성을 살피는 데 조금은 어리석게 처신해서 관대하게 다스리라는 뜻이다.

일부러 어리석게 처신하라는 게 무슨 뜻일까? 가장 높은 자리에 선 사람이 너무 밝으면 그 강한 빛 아래에 있는 사람이 상할 수 있기 때문이다. 아랫사람을 박하고 모질게 대하면 따르던 마음이 서서히 멀어진다. 이러한 상황을 막으려면 자발적인 양보가 필요하다. 권한과 힘을 적절히 조절해야지 있는 힘껏 다 쓰면 겉으로는 따르더라도 마음은 멀어진다.

또 상대가 나보다 실력이 뛰어나거나 비슷할지라도 경쟁에서 이겨서 모든 걸 독차지하는 게 언제나 좋지만은 않다. 명이괘의 핵심은 실질적인 이득을 취하는 데 있다. 다른 사람을 존중하고 물러선다고 해서 특별히 손해나는 일은 없다. 거침없이 나아가기만 했다면 뒤를 한번 돌아보라. 강력한 보스 기질의 카리스마가 항상 이로운 건 아님을 알 수 있다.

학식이나 지혜에 모자람이 없는데도 사회적인 지위를 얻지 못하는 이가 있다. 이들을 무능력하게 보거나 사회성이 없다고 평가하는 사람들이 있는데 반드시 그런 건 아니다. 밝은 기운이 상처를 입은 명이의 상황일 수 있기 때문이다. 지혜는 있으나 하늘의 때를 얻지 못한 군자의 형상이다. 이러한 사람을 '명이지자(明夷之者)'라고 한다. 때를 얻지 못한 현자는 지혜는 있는데 세상에 나가지 못한다.

이와 반대로 탁월하게 강한 자가 있다면 어떨까? 강자가 둘인 상황은 곤란하다. 어둠과 빛이 함께일 수 없고 두 호랑이가 사이좋게 먹이를 나눌 수 없다. 내가 상대를 제압할 만큼 자신에 넘치지 않는다면 명이를 교훈 삼아서 과감하게 후퇴하라. 당장은 보탬이 되지 못하지만 싸움에 휘말리지 않으니 커다란 손해를 막을 수 있다.

리더란 무엇인가
....

17세기 중국의 대학자라 불리는 황종희는 《명이대방록(明夷待訪綠)》이라는 책을 썼다. 명나라 말기를 거쳐 청나라 초기라는 난세를 살아간 황종희는 인간 존재를 규정하고 그것을 기반으로 정치 견해를 풀어냈다. 황종희가 이 책을 썼을 당시 중국은 한족이던 명왕조가 이민족인 청왕조로 교체되던 시기였다. 패망으로 치닫던 명왕조의 부조리한 상황과 모순이 그대로 드러났다.

무엇보다 책 제목에 보이는 명이는 명이괘를 뜻한다. 땅이 위에 있고 해가 아래에 있는 형상의 명이괘는 밝은 태양이 땅속에 들어가 있는 상태를 뜻한다. '밝음이 상해서 현자는 명철함에 해를 입고 어려움에 부닥쳤으니 이 상황을 잘 파악하고 인내하며 자신을 보호하라. 그리고 실질적인 이득을 취하라.'라는 명이의 뜻을 담은 책이다.

이 책은 정치개혁론을 다룬다. 국가의 지배력을 상징하는 군주, 군주와 신하의 관계, 법에 근거해 개혁론을 들여다보면 맹자의 주장과 많이 닮았다. 황종희가 현대에 이르러서도 대학자로 기억되는 건 학자로서 권력에 협조하지 않고 정치권을 간섭하고 비판하는 유학자의 자세에 충실했기 때문이다. 그가 주장하는 정치개혁론에서 민주의 주체는 바로 사회구성원 개개인이다.

황종희는 당시 밝음이 상한 현자의 위치에 있었지만 그럼에도 권력과 결탁하거나 힘 있는 자들에게 아첨하지 않았다. 오히려 지배 권력을 견제하고 비판하면서 《명이대방록》과 같은 훌륭한 저서를 남겼다. 정치 주체라고 할 수 있는 우리가 모두 어떻게 처신하는 게 옳은지 그의 저서에 잘 나타나 있다.

책의 서두에 '원군(原君)'이란 글이 있는데 이는 '군주란 무엇인가'를 뜻한다. 이 부분에서 황종희는 이렇게 썼다.

'옛날에는 천하의 백성이 주인이고 군주가 객(客)이어서, 군주는 천하를 위해 평생 경영했다. 지금은 군주가 주인이고 천하 백성이 객이어서, 백성은 군주를 위하느라 평안을 얻을 수 없다.'

'원신(原臣)'이란 글은 신하가 무엇인지에 관해 밝힌다.

'내가 벼슬을 하는 것은 천하를 위한 것이지 군주를 위한 것이 아니다. 신하는 군주와 이름만 다르고 실질은 같다.'

다산의 유명한 '원목(原牧)'과 주장이 비슷하다. 정약용의 원목을 풀이하면 '리더(牧, 목민관)란 무엇인가'인데 이 글은 이렇게 시작한다.

'목민관이 백성을 위해 있느냐, 백성이 목민관을 위해 사느냐?'

정약용은 원래 백성만 살았는데 여러 가지 문제들이 생기면서 이를 해결할 사람이 필요해서 목민관이 생겼다고 보았다. 법도 마찬가지다. 그는 법을 민망(民望)에 의해서 생겼다고 주장했는데 민망은 백성의 바람을 의미한다. 그러니까 법은 백성을 편안히 살 수 있게 하도록 존재한다.

황종희는 청나라 말기에 '중국의 루소'라고 불리면서 칭송받았고 다산도 민주주의 관점에서 존경받는다. 두 사람 모두 군주와 민의 관계를 어떻게 정할 것인가 하는 문제에 답을 제시한 사상가였다.

여기서 두 사상가 모두 백성의 허물을 들추고 잘못을 벌하는 지배적인 군주를 경계했다. 앞서 살펴본 명이에 '백성을 살피는데 조금은 어리석게, 관대하게 처신하라'는 관용과 관대함을 높이 산다. 이렇게 보면 정약용은 사상에 있어서도 명이의 포용성을 따른 셈이다.

평생 따르고 싶은 스승이 있다는 것

지수사
地水師

스승이란 규율로서 나아가야 하니
규율로서 마다하면 품더라도 흉하다.

대학생 시절 사주명리학의 대가가 되겠다고 마음을 먹었을 때 훌륭한 선생님이 너무나 간절했다. 그러던 중에 박재완 선생님이 대전 일대에서는 명리학의 대가이고 그분의 제자들은 다 나름대로 인정받았다고 전해 들었다. 나는 곧장 대전으로 내려가서 박재완 선생님 댁의 문을 두들겼다.

그러나 선생님을 뵙자마자 좌절을 맛봐야 했다.

"젊은 놈이 벌써 이런 길로 들어서려고 해? 어서 썩 나가라!"

스승님으로 모시고 싶다는 청을 듣자마자 그는 나를 대문 밖으로 내쫓아버렸다. 당시 박재완 선생님의 제자는 40~50대였다. 그런데 20대 초반의 새파란 녀석이 찾아와서 제자로 받아달라고 하니 어이가 없었을 것이다. 또 명색이 대학생이라면서 역술인이 되겠다고 하니, 뭘 모르고 치기 어린 마음에 찾아온 게 분명하다고 생각하셨다. 선생님께서는 혼쭐을 내주면 다시는 오지 않을 줄 아셨겠지만 나는 절대로 포기할 수 없었다.

몇 번이고 대전에 내려갔고 그럴 때마다 욕을 들으면서 쫓겨났다. 그러기를 다섯 번 반복했더니 선생님께서 나를 불러 앉히고 물어보셨다.

"이게 그렇게 배우고 싶으냐?"

"네!"

"이 길이 쉽지 않은 것도 아느냐?"

"네. 알고 있습니다."

"네 사주를 불러보아라."

선생님은 앉은자리에서 내 사주를 풀어주셨다. 그러고는 한숨을 길게 내쉬었다.

"사주에 천문성(天問星)이 있으니 천생 이 길로 들어설 수밖에 없구나. 그러나 나는 너처럼 젊은 놈을 제자로 받을 생각이 없고 뜻도 없다. 네가 이곳에 출입해서 마음대로 공부하고 배우는 건

허락하나 너를 내 제자로 인정하지는 않는다. 무슨 말인지 알겠느냐?"

"감사합니다, 선생님!"

"나가봐라."

다섯 번 만에 허락이 떨어졌다. 비록 정식 제자로 인정받지 못한다고 해도 뛸 듯이 기뻤다.

과연 선생님은 명리학에 일가견이 있었다. 나는 누구보다 열심히 공부에 매달렸다. 이미 관상과 성명학을 배워서 자신이 있었고 사주도 웬만큼 볼 수 있던 터라 빠르게 지식을 습득했다. 그런데 지식보다 더 귀한 것은 선생님께서 가르쳐 주신 역학에 관한 가치관이었다.

"역학은 사이비 미신이 아니라 학문이다. 그러므로 누가 뭐라고 하든 학문하는 사람으로서 기본을 갖추어야 한다. 끊임없이 공부하고 연구를 게을리해서는 안 된다. 그리고 역학을 돈벌이에 이용하지 말아라. 그건 학문을 팔아먹는 짓이다."

많은 사람이 말재주만 있으면 돈벌이가 될 거라고 기대하고 역술인이 되려고 한다. 하지만 선생님께서는 역술인이 돈을 벌고자 마음먹은 순간부터 돈이 많은 사람을 의식하게 되고 보는 눈이 흐려진다고 했다.

"부적을 써서 돈을 버는 행위는 일절 하면 안 된다. 알겠느냐?"

선생님은 말로만 이런 주장을 하신 게 아니라 일평생 몸소 실천하셨다. 사주명리학의 권위자임에도 무척 검소하셨다. 아들에게도 농기계 대리점 하나 차려주고 돌아가셨다. 오히려 제자 가운데 상당한 부자가 된 사람도 있지만, 당신은 절대로 지조를 버리지 않았다. 권력자와 기업가들이 그렇게 회유해도 흔들리지 않고 소신대로 자기만의 길을 걸었다.

그는 운명상담에 임할 때도 조용조용하게 차분히 풀어갔다. 마치 선생님이 학생에게 알려주듯이 설명할 따름이었다. 자신의 능력을 과시하려고 불필요한 사실까지 알아맞히면서 미래를 볼모로 겁을 주는 이들과는 질적으로 달랐다.

이러한 선생님 밑에서 공부하면서 나는 그의 자세와 가치관에 더 크게 감동하였다. 역술을 단순히 돈벌이로 생각했다면 그는 거부가 되고도 남았을 것이다. 그러나 그럴 가능성이 있음에도 그 길을 가지 않고 학문하는 자세로 살다가 세상을 떠났다.

"선생님, 제발 부적 하나만 써주면 안 될까요?"

부적은 절대로 쓰지 않는다고 못을 박아도 상담소까지 찾아와서 애원하는 이들이 있다. 하지만 상대가 누구든 원칙대로 거절한다. 그래야만 이런 사회적 편견과 부정적 인식을 극복할 수 있다고 믿는다.

인생의 스승이 있는가

주역에도 일평생 만날까 말까 한 참된 스승을 뜻하는 괘가 있다. 바로 사괘(師卦)인데 여기서 사(師)자는 언덕 부(阜)와 두를 잡(帀)을 나란히 쓴다. 이는 '언덕이나 마을을 병사로 둘러싸거나 에워싼다'라는 뜻으로 싸움, 전쟁하는 군중, 무리와 이를 이끄는 스승, 장군을 의미한다. 언덕에서 병사를 모으고 수많은 병사를 지휘하는 상이라고 볼 수 있다.

또한 사(師)는 중국의 주나라 시대의 병제(兵制)와 관련이 있다. 병사 500명이 모인 부대를 여(旅)라고 하고 이것의 5배를 사(師), 또 이것의 5배를 군(軍)이라 칭했다. 오늘날에도 여단, 사단, 군단이라는 단어를 쓰는데 어원이 주나라까지 거슬러 올라간다.

괘상을 보면 상괘는 땅, 하괘는 물이 있다. 원래 물은 지상에 있어야 하는데 지하에 있는 형상이라서 물의 역할을 하지 못한다. 가뭄이 들어서 물이 귀해지고 물과 관련된 전쟁이 일어난다. 그런데 전쟁과 스승이 무슨 상관이 있을까? 전쟁이 일어나면 병사의 무리가 필요하고 또 반드시 근심 걱정이 따른다. 평화롭게 농사를 지을 때와 다르게 강하고 지혜로운 힘으로 이끌어줄 사람이 필요하다.

그러므로 곤이 평상시에는 대중, 전쟁에서는 병사이고 물은 헌법, 외유내강(外柔內剛)의 지도자라고 할 수 있다. 비록 땅이 위에 있고 물이 그 아래로 흐르지만, 물이 없어진 게 아니다. 땅에 흡수되고 축적되어 있어 땅을 파면 지하수가 나온다. 이러한 괘상처럼 지도자가 대중을 포용하고 양육하면 땅 아래에 엄청난 양의 물이 흐르듯이 잠재력이 무궁무진하다.

사괘가 나쁜 징후는 아니다. 하지만 평온함이나 기쁨도 없다. 전쟁이나 마찬가지이기 때문에 어느 정도의 고생을 겹쳐서 해야 하고 혼자보다 누군가와 함께 힘을 합쳐야 길하다. 또 사회적으로나 가정적으로 화합을 얻기 어렵고 가정에 풍파가 일지 않도록 주의해야 한다. 하나의 양이 다섯 개의 음 안에 있어서 한 남자가 다섯 여자를 보는 상이다. 색정의 문제가 일어나기 쉽고 혼담에 구설과 다툼이 따른다.

인류의 역사를 살펴보면 제아무리 훌륭한 사람도 그의 잠재력을 발견하고 이끌어줄 스승이 필요하다. 나의 경험이 그러했듯 일평생 쌓은 비결을 제자에게 전수하는 과정에서 학문과 인격이 크게 성장한다. 요즘은 인터넷이나 인공지능의 등장으로 지식을 습득할 방법이 옛날보다 무척 다양하지만 결국 가장 고귀한 가르침은 인간에게서 인간으로 이어진다.

다산의 애제자

다산은 사패의 본보기가 될 만한 훌륭한 스승이었고 수많은 제자를 길러냈다. 전국의 많은 청년이 그의 제자가 되겠다고 모여들었다. 그중에서 애제자라 할 정도로 다산과 인간적인 친분을 유지하며 학문을 교류한 이가 바로 황상(黃裳)이다.

그는 다산의 강진 유배 시절의 애제자로《치원유고(巵園遺稿)》, 《임술기(壬戌記)》 등의 책을 썼다. 양반은 아니어서 과거를 볼 수 없는 신분이었지만 다산은 황상에게 시를 가르쳤고〈설부(雪賦)〉라는 시는 다산뿐만 아니라 흑산도에 유배된 송암 정약전에게도 전해져 크게 감탄하였다.

제주도에 유배된 추사 김정희도 그의 시에 감탄하여 귀양이 풀려서 한양으로 올라가던 중 강진에 있는 황상을 찾아가 만났을 정도로 학문의 깊이가 있었다.

다산은 1801년 신유박해가 일어나자 포항에 위치한 장기로 유배됐다가 황서영 백서사건의 여파로 다시 문초를 받았다. 그해 11월부터는 전남 강진에서 유배 생활을 하는데 강진의 허름한 주막에 살면서 이듬해인 1802년 10월에 서당을 열었다.

그때 만난 제자가 황상으로, 당시 15세였다. 황상은 스승이 보낸 서른두 장의 편지와 메모를 서간첩으로 묶어 보관했는데, 그

것이 지금까지 남아 있다. 편지의 내용을 보면 다산이 그를 무척 사랑했고 황상은 근면과 성실로 스승의 사랑에 보답했다.

다산은 1818년 9월 유배에서 풀려났다. 지금의 남양주시에 있는 집으로 돌아갔는데 황상은 1836년에 스승을 뵈러 남양주로 갔다가 고향으로 내려가는 중에 스승의 부음을 들었다. 그는 다시 남양주로 올라가서 예를 다했다. 황상은 이후에도 꾸준히 스승의 묘를 찾았고 다산의 아들 정학연과 연을 맺어서 황상이 83세의 나이로 죽을 때까지 사귀었다. 다산과 황상은 요즘은 보기 드문 사제지간으로 참된 스승과 제자의 전형을 보여줬다.

황상이 다산의 서당에 다니던 시절, 그는 누구보다 진지하게 공부에 임했다. 그러나 노력한 만큼 성과가 따르지 않았다. 그러자 자신감이 떨어지고 발전이 없는 자신의 모습이 답답했다. 어느 날 다산을 찾아온 황상은 스승에게 속마음을 털어놓았다.

"선생님, 저에게는 세 가지 병통이 있습니다. 오늘 소인의 병통에 관해서 말씀을 여쭈어도 되겠습니까?"

다산은 말없이 고개를 끄덕였다.

"첫째는 머리가 둔한 것이요, 둘째는 앞뒤가 꽉 막힌 것이요, 셋째는 분별력이 없는 것입니다. 이런 제가 어찌 문사를 공부할 수 있겠습니까?"

그러자 다산은 자상하게 화답했다.

"배우는 사람에게는 대체로 세 가지 병통이 있다. 그러나 너에게는 그것이 없구나. 첫째로 기억력이 좋은 병통은 공부를 소홀히 해서 문제가 된다. 둘째, 글 짓는 재주가 좋은 병통은 글이 가볍고 들떠 있어 허황한 데로 흐르는 문제가 있다. 셋째, 이해력이 빠른 병통은 거친 것이 문제이다. 머리가 둔하지만, 공부를 파고드는 사람은 식견이 넓어진다. 앞뒤가 막혔더라도 우직하게 뚫고 나가는 사람은 흐름이 거세지고, 분별력이 없는 사람이라도 꾸준하게 연마하면 빛이 나는 법이다."

스승의 말에 황상의 얼굴이 밝아졌다.

"그러면 학문을 파고드는 방법이 무엇이냐? 부지런해야 한다. 막힌 걸 뚫는 방법은 무엇이냐? 부지런해야 한다. 꾸준하게 연마하는 방법이 무엇이냐? 이 역시 부지런해야 한다. 그렇다면 부지런해야 하는 마음을 어떻게 지속해서 유지할 수 있겠느냐? 바로 마음을 확고히 하는 데 있다."

15세의 황상은 배움에 있어서 지식을 쌓는 것이 중요하다고 생각했다. 하지만 다산의 가르침에 따르면 지식을 쌓는 것보다 마음을 가다듬는 것이 훨씬 중요하다. 황상은 스승의 가르침을 받들어서 마음가짐을 바르게 하고 누구보다 열심히 학문에 몰두했다.

'네가 아들을 낳았으니, 말할 수 없을 정도로 기쁘고 기쁘구나. 내 아이들은 아직 이런 일이 없으니, 네 자식이 어찌 내 손자와 다르랴? 아이의 이름을 '천웅'이라고 하는 게 좋겠다. 와서 내 축하를 받도록 하여라.'

이 편지글을 보면 황상이 아들을 얻자 다산이 직접 이름을 지어주며 축하를 건넨 사실을 알 수 있다. 다산은 황상의 아들이 태어나자 친손자를 본 것처럼 크게 기뻐했다고 한다. 학문 이외에 인간으로서도 서로를 깊이 사랑했음이 짧은 편지글에서도 드러난다.

나이가 들수록 스승을 만나기 어렵다. 특히 50대는 세상을 안다는 착각, 나이와 함께 확고해진 자의식 때문에 남의 말을 들으려고 하지 않는다. 그러나 다섯 살 아이나 50대 어른이나 똑같이 눈뜨면 새로운 날을 맞는다. 연륜에 맞게 우아하게 살고 싶지만 크고 작은 실수와 시행착오를 피할 수 없다. 그럴 때는 가르침을 원하고 마땅한 스승을 찾으려는 내면의 목소리에 귀 기울이자. 그리고 나 역시 누군가의 스승이 될 수 있는지 돌아봐야 한다.

자신을 낮추어 행하면 해결된다

천택리
天澤履

조심스레 밟아나간다는 것은 호랑이 꼬리를 밟더라도
사람을 물지 아니하니 형통하다.

나는 사건이나 사고를 예언할 때 항상 긴장한다. 사람의 생명
과 관계되는 예언은 더욱 민감해질 수밖에 없다. 예언을 발표하
면 이성적으로 받아들여서 미리 대비하는 모습을 보여야 하는데
사람들의 관심은 예언이 정확하게 맞아떨어졌는지에 집중한다.
역학자 입장에서는 여간 당혹스러운 게 아니다.

예언이 틀릴까 봐 걱정이 되어 사람의 생명과 직결된 흉한 예
언도 맞기를 바라는 꼴이 된다. 내가 여기저기 글을 발표하고 예

언을 퍼뜨려도 예언이 맞아떨어지기 전에는 정신이 이상한 사람으로 취급받는다. 그러다가 예언이 맞으면 신기하다고 몰려와서 난리를 피운다. 거기다가 당사자들은 왜 알면서도 사전에 막지 않았느냐고 항의한다. 이래저래 어렵다. 그러나 역학이라는 학문을 하면서 미래의 사건이나 사고를 나 몰라라 하자니 그 또한 답답하기 짝이 없다.

그래도 역학의 학문적인 가치와 성과를 인정받고 이런 일에 대비하자고 여러 가지 예언을 했다. 1995년 초에 여수 씨프린스호 기름 유출사고, 서울 삼풍백화점 붕괴사고, 대구 송현동 가스폭발사고, 콜레라 전염병 유행, 충주호 유람선 화재사고, 조순 서울시장 당선 등을 예언했다.

예언은 오행(五行)과 성명학 등을 연구하면 정확도를 높일 수 있다. 그러나 100퍼센트 맞기는 어렵다. 예언을 너무 흥미로 접근해서 맞다, 안 맞았다만 집중할 게 아니라 참고할 부분이 있으면 수용해서 대비하는 태도가 필요하다.

힘들고 고통스러운 이에게도 극적인 희망은 있다
....

2002년 12월 19일 대통령 선거를 앞두고 2002년 11월 민주당

노무현 후보와 국민통합당의 정몽준 후보가 후보단일화에 전격 합의했다. 두 후보가 단일화를 하지 않고는 한나라당 이회창 후보를 이길 수 없다는 절박함에서 비롯된 전략이었다. 여론조사를 해서 11월 25일 공식적으로 발표하기로 되어 있었다.

동국대학교 평생교육원의 주역반 수강생 200여 명도 노무현과 정몽준 중 어떤 후보로 단일화가 이뤄질지 초미의 관심사였다. 한 나라의 국민으로서 나라의 운명이 궁금한 건 당연한 일이라서 주역점으로 결과를 예측했다. 이날은 점통법(占筒法)을 사용했다. 점통에 주역의 8괘(八卦)를 의미하는, 1부터 8까지 숫자가 적힌 산가지를 넣고 질문을 던진다. 산가지는 총 세 번 뽑는다.

"노무현과 정몽준 중 누구로 단일화가 되겠습니까?"

200여 명이 한마음으로 질문하고 대표가 점통에 든 산가지를 뽑았다. 첫 번째는 숫자 2가 나왔다. 2태택(二兌澤), 즉 연못을 상징한다. 두 번째는 숫자 1이 나왔다. 1은 1건천(一乾天), 즉 하늘을 상징한다. 두 개의 괘가 결합하면 64괘 중 하나인 천택리(天澤履)가 된다. 마지막 세 번째는 숫자 3이 나왔다. 3은 천택리의 괘 3효를 뜻하는 것이니 천택리 육삼(六三)의 효사(爻辭)가 주역 점괘로 확장됐다. 수강생들은 모두 눈만 반짝이며 숨을 죽였다.

육삼 묘능시 파능이라 이호미하야 질인이니 흉하나 무인이 위 우대군이로다.

(六三 眇能視 跛能履라 履虎尾하야 咥人이니 凶하나 武人이 爲于大君이 로다.)

'소경이 능히 보며 절름발이가 능히 밟는지라 범의 꼬리를 밟아 서 사람을 물었으니 흉하고 무인이 대군이로다.'

이 효사(주역의 괘(卦)를 이룬 여섯 개의 획 또는 여섯 개의 획에 대한 설 명)의 의미는 이렇다. 눈이 보이지 않는 시각장애인이 눈을 떠 서 보이는 기적과 다리가 불구인 사람이 걷게 된다. 이는 어렵고 힘든 상황이 갑작스럽게 좋아진다는 뜻이다. 불리했던 사람, 전 혀 희망이 없던 사람이 극적으로 좋은 결과를 얻게 된다. 여기서 '범의 꼬리를 밟아서 사람을 물었으니 흉하다'는 나보다 더 강 한 상대를 만났으니 흉하나 무인(武人)이 대군이 된다고 했다.

여기서 무인(武人)의 해석이 관건이 된다. 무인은 보통 군인을 의미한다. 그러나 주역의 해석은 융통성이 무궁무진하다. 무인 은 힘센 사람, 용감한 사람, 적극적인 사람으로 해석할 수 있다. 또한 이름에 무(武)자 들어가는 사람, 노무현(盧武鉉)의 무(武)를 상징할 수도 있다. 단일화 결과가 나오기 전만 해도 정몽준 후보 가 노무현보다 훨씬 유리했다. 지지율이 노무현보다 높았기 때문이다.

그러나 천택리는 '힘들고 고통스러운 사람에게 극적인 희망이 찾아온다'는 뜻도 내포한다. 노무현의 지지율이 낮고 정몽준으로 단일화 가능성이 매우 컸기에 노무현에게 유리한 괘였다. 또 무인이라는 단어 때문에 '무인이 대군이 된다'라는 말은 정몽준보다 노무현 후보로 단일화된다고 해석하는 게 옳다. 일주일 후에 나온 결과는 노무현의 승리였다.

"어떻게 이렇게 정확하게 맞을 수 있죠?"

당시 결과를 지켜보던 200여 명의 수강생의 얼굴에 주역을 향한 경외심이 가득했다.

실수해도 큰 잘못으로 이어지지 않는 지혜

천택리(天澤履)의 리(履)괘는 밟음에 관한 괘라고 할 수 있다. 혹은 밟히지 않고 사는 방도를 뜻하기도 한다. 괘사는 해석하면 '유(柔)가 강(剛)을 밟음이니, 기쁨으로 굳셈에 응하는지라, 이로써 호랑이 꼬리를 밟아도 물지 않으니, 형통하리라'이다.

우연히 산에서 마주쳐도 달려와서 나를 물어뜯을 게 분명한 무서운 호랑이, 그 호랑이의 꼬리를 밟으면 어떻게 될까? 높은 확률로 죽는다고 봐야 한다. 이런 상황에 부닥친 사람은 누구나 아주 엄청난 실수를 저질렀다는 두려움에 벌벌 떨지 않을 수 없을 것이다.

살면서 마치 호랑이 꼬리를 밟은 듯 자책할 때가 있다. 우리는 중요한 시험을 망치거나 가지 말아야 할 회사에 들어갔거나 잘못 투자해서 큰돈을 잃거나 반드시 잡아야 할 인연을 놓쳐버렸을 때 '내 팔자 내가 꼰다'라고 말한다. 하지만 큰 실수를 저질렀다고 해서 그 결과까지 모두 흉한 건 아니다.

리(履)괘가 의미하는 바가 그렇다. 호랑이의 꼬리를 밟아도 호랑이가 물지 않는단다. 어떻게 이런 일이 가능할까? 두 가지 경우가 있을 수 있는데 하나는 우리가 호랑이의 꼬리로 봤던 일이 사실은 호랑이의 꼬리가 아니었을 수도 있다.

예를 들면 우리가 어릴 때 부모님의 말씀은 지상명령이다. 부모님이 '거짓말을 하지 말라'고 하셨는데 거짓말을 했다가 들통나면 아이로서는 부모라는 호랑이의 꼬리를 밟은 셈이다. 엄청난 훈육과 꾸짖음이 기다리고 있을 것이다. 그런데 부모님의 지상명령이 평생 가는 건 아니다.

세월이 흘러서 아이도 세상을 알 만큼 알게 되면 적당히 거짓말을 활용한다. 때로는 선의로, 남에게 상처를 주지 않으려고 거짓말을 하기도 한다. 어른이 되어서도 마치 아이들이 그러듯 절대적으로 진실만 말하면서 거짓말하면 혼난다고 믿는 어른이 있을까? 만약 그런 어른이 있다면 사회성이 없거나 지나치게 순진하고 어리석은 사람이라고 도리어 손가락질을 받는다.

또 한 가지 방법은 호랑이의 마음에 들면 된다. 호랑이가 나를 아주 마음에 들어 하고 평소에 잘 봐준다면 비록 꼬리를 밟아도 별일 아닌 일로 넘어갈 수 있다.

그러면 어떻게 해야, 하물며 꼬리를 밟았는데도 호랑이가 관대하게 봐줄 수 있을까? 이는 일종의 처세술인데 호랑이의 눈에 평상시 내 이미지가 어떻게 형성되느냐가 중요하다. 예를 들면 회사원일 경우 소위 말하는 라인을 타면서 상사 한 사람에게만 충성할 게 아니라 두루 친하게 지낼 필요가 있다. 한 곳에만 충성하면 총애를 받기 쉽지만 그만큼 다른 호랑이들이 으르렁거릴 확률도 올라간다.

호랑이의 눈치만 보고 그들의 비위만 맞출 게 아니라 자신의 능력이 어디까지이고 호랑이에게 어떻게 어필할 수 있는지 알면 큰 실수에도 두려워하지 않아도 된다. 실수라는 단어의 뜻을 보면 '부주의한 행동'이라고 풀이한다. 돌이킬 수 없는 잘못은 아니므로 조심스럽게 해결하면 결과도 길다.

다산과 이계심 사건

1797년에 다산이 황해도 곡산부사로 부임하는 길이었다. 그때 이계심이라는 남자가 다산 일행의 길을 가로막았다. 그는 전임 수령에게 불만이 많은 사람이었다. 1000여 명의 주민을 이끌고 수령에게 항의하다가 관군을 피해서 산으로 도망친 이력이 있다. 한양에서는 이계심이 곡산부사를 죽이고 그 시체를 내버렸다는 흉흉한 소문이 나돌기까지 했다.

양반들은 분노했다. 어디 배우지 못하고 가진 것 없는 천한 놈이 수령에게 맞서고 문제를 일으키냐는 거였다. 한마디로 그는 호랑이의 꼬리를 제대로 밟았다. 이 소문으로 양반 사대부들은 분노가 극에 달했다. 조정에서는 호랑이의 화를 가라앉히려고 산으로 도주한 이계심을 잡기 위해서 군사들을 파견했다. 그런데 번번이 그를 놓치고 말았다.

그 유명한 이계심이 다산 앞에 나타났다. 당연히 이계심을 잡았으리라 예상했지만 다산은 그를 포박하거나 목에 칼을 채우지 않았다. 대신에 관아로 데리고 가서 이렇게 물었다.

"갑자기 나타난 이유가 무엇이냐?"

이계심은 놀라면서 아무런 대답도 하지 않았다. 대신에 백성이 겪고 있는 고통을 낱낱이 적은 12조목을 건넸다. 다산이 받아든 12조목에는 전임 수령이 있을 때 원래는 포보포(砲保布, 포군에게 내는 군포) 대금으로 백성들에게 200전을 걷어야 하는데 무려 900전이나 걷어서 빼돌린 사실이 적혀 있었다.

그러자 백성들의 분노가 극에 달했다. 이계심이 나서 1000여 명의 백성을 모았고 관에 들어와서 호소했다.

"저희는 오히려 죄인으로 몰려서 매를 맞고 계속 고통받았습니다, 나으리."

정황을 파악한 다산은 이계심에게 무죄를 내렸다. 그리고 이렇게 말했다.

"한 고을에 모름지기 너와 같은 사람이 있어 형벌이나 죽음을 두려워하지 않고 만백성을 위해 그들의 원통함을 폈으니, 천금은 얻을 수 있을지언정 너와 같은 사람은 얻기가 어려운 일이다. 오늘 너를 무죄로 석방한다."

이계심이 무죄라는 소식을 듣고 백성들은 기뻐했다. 하지만 양반들은 더 크게 화를 냈다. 조정에서는 수령의 권위를 무너뜨렸다고 다산을 파직하라는 상소까지 올라갔다. 하지만 양반들의 우두머리인 정조 임금이 다산을 칭찬했다. 그 일로 정쟁도 수그러들었다.

이 사건을 처리한 다산의 판결은 지금도 유명하다. 관리로서 권위를 내세우기보다 목민관의 임무가 무엇인지를 아는 게 먼저

임을 깨우쳐주었기 때문이다. 여기서 말하는 관리의 임무란 백성의 고통을 해결해주고 살길을 열어주는 것이다.

양반들은 이계심을 천한 놈으로 보고 호랑이의 꼬리를 밟았으니 응징해야 한다고 생각했지만 사실 백성은 임금인 정조보다 더 크고 무서운 호랑이다. 그들 개개인은 힘이 없지만 뭉치면 세상을 뒤집을 수 있다. 백성의 힘, 민심이 가장 힘센 호랑이임을 다산은 일찍이 깨닫고 행동했다. 이런 어른이 지금 우리 시대에도 필요하다.

작은 것을 주어야 큰 것을 얻을 수 있다

지천태
地天泰

큰 것을 얻으려면 작은 것을 보내야
큰 것이 오니 길하여 형통하니라.

1994년 4월 총선이 있기 전에 평소 안면이 있는 분이 사주를 들고 찾아왔다. 처음에는 아무 말 없이 잘 아는 분이니 한번 봐달라고 청했다. 사주 간지를 적고 대운을 뽑다 보니 예사 인물이 아님을 알 수 있었다. 묘월에 신금이나 약해 보이나 연간의 무토 일주에 축토 시지에 유금으로 일주가 자신의 세력을 갖추었으니 신왕재왕격의 사주였다.

신왕재왕의 사주는 그룹의 총수나 경제계의 리더가 된다. 그런데 사주의 주인공은 시간의 편관이 두드러지고 초년 대운에 관운이 크게 발달되어 있었다. 이는 평생 공직에 몸담았을 것이라고 보이는 운명이었다. 그러니 경제부처의 고위직 공무원이 아닐까 한눈에 알 수 있었다.

"보통 분이 아니시군요. 고위직 경제관료에 계시는데……."

마침 그의 운명에 변동의 시기가 와서 새로운 직업으로 바꿀 것처럼 보였다.

"최근에 직업을 바꾸셨고요."

사주를 들고 온 이는 미소만 지을 뿐 이렇다 저렇다 대꾸가 없어서 더 궁금증을 자아냈다.

"그러지 말고 뭘 알고 싶은지 말씀해보세요."

사연인즉 사주의 주인공은 경제계 최고위 관료를 지낸 분이 맞고 15대 총선에 출마하려고 준비 중이라고 했다.

"당선이 가능할까요?"

1996년은 병자년, 병은 관이라서 선거에서 당선되기에 좋을 운이지만 사주 주인공의 운명과 충돌하는 합이었다. 또 병자년의 기신인 자수가 강한 구신 목을 생하고 있으니 이 또한 불리하다. 돌아올 총선에는 낙선할 확률이 높았다.

"장담할 수는 없지만 제 해석으로는 낙선이 예상됩니다만."

정중히 대답했다. 그러자 다소곳이 앉아 있던 방문객이 다시 한번 살펴봐 달라고 부탁했다. 주의를 기울여서 해석했기 때문에 다시 볼 필요도 없었다. 하지만 거듭 신중하게 청하는지라 주역점을 쳐보기로 했다.

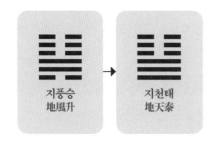

지풍승
地風升

지천태
地天泰

몸가짐을 단정히 하고 1부터 8까지 숫자가 적혀 있는 여덟 가지의 산가지가 들어 있는 점통을 흔들어 뽑게 한 후에 괘를 정했다.

첫 번째가 8, 두 번째가 5, 세 번째가 7이 나와서 지풍승이 초효 동하여 지천태괘가 나왔다. 손목이 건금으로 변하니 목체금용이라. 이를 해석하면 다음과 같다.

"봄바람에 손목이 지상으로 나와서 자신 있게 성장합니다. 믿음으로 행하니 모든 사람이 감동하지요. 특히 윗사람과 뜻이 잘 맞아 발탁되고 관은 무난히 승진합니다. 그러나 출마는 이르다고 봐야 합니다."

방문객의 얼굴에 실망이 가득했다. 출마만 하면 당선은 유력하다고 예상했던 걸까? 하긴 낙선될 거라는 말에 좋아할 사람이 누가 있을까? 특히 정치인들은 자신에게 좋은 말은 오래 기억하고 불리한 말은 쉽게 잊는다.

"선거에는 떨어지지만, 곧 발탁되리라 보입니다. 아쉬운 중에도 기쁨이 있는 거지요."

운명은 개척하기에 따라서 얼마든지 바뀔 수 있으니 열심히 선거운동을 도우라는 말도 덧붙였다. 하지만 사주의 주인공은 총선에서 낙선했다.

만사가 뜻대로 이루어지는 때를 기다려라

태괘(泰卦)는 '만사가 뜻대로 이뤄지는 때'를 뜻한다. 태(泰)는 태평, 형통하다는 뜻이고 형상을 보면 위에 땅, 아래에 하늘이 있다. 언뜻 보기에는 하늘과 땅의 자리가 바뀐 것 같지만 그렇지 않다. 하늘과 땅이 제자리에 그대로 있으면 움직이지 않는다. 그냥 가만히 있는 것에 불과하고 순환이 이뤄지지 않아서 생명을 품지 못한다. 그러나 하늘이 아래에 있고 땅이 위에 있으면 하늘은 제자리를 찾기 위해 위로 오르려 하고 땅은 아래로 내려오려는 움직임이 발생한다.

이는 미지근한 물에 비유할 수 있다. 너무 뜨거운 물이나 차가운 물은 건강에 좋지 않다는 정보를 한 번쯤 들어봤을 것이다. 덥다고 너무 차가운 물을 마시거나 춥다고 너무 뜨거운 물을 마시는 것보다 온도가 미지근한 물을 마시는 게 몸에 가장 좋다고 한다. 뜨거운 물의 양기가 위로 올라가고 차가운 물의 음기가 밑으로 내려와 음과 양의 기운이 돌며 어우러지기 때문이다.

같은 원리로 우리 몸도 상체보다 하체가 따뜻해야 한다. 그래서 반신욕을 할 때도 상체는 밖으로 나오고 하체는 따뜻한 물에 담근다. 또 머리는 차갑게 하고 발은 따뜻하게 하라는 뜻에서 족욕을 하기도 한다.

태괘도 마찬가지다. 땅인 곤괘가 단독으로 있을 때는 강인한 힘을 발휘한다. 하지만 하늘인 건괘와 함께 있으면 상대적으로 약하다. 그래서 태괘는 아래 있는 하괘가 위에 있는 상괘보다 더 강하고 건실하다. 한마디로 뿌리는 충실한데 가지와 줄기가 약한 나무라고 할 수 있다. 실무자들이 강하고 경영진은 약한 회사, 자녀가 강하고 부모가 약한 가정, 학생은 열심히 하는데 선생은 그렇지 못한 학교가 여기에 속한다. 외적으로는 약하고 부실하지만, 내적으로는 실속이 있고 강해서 성장 가능성이 크고 잠재력이 강한 상태를 태라고 한다.

의미만 보면 태괘의 의미가 길한데 앞서 소개한 이야기의 주인공은 왜 낙선했을까? 늘 강조하는 바인데 주역의 해석은 그리 간단하지 않다. 성장이나 가능성이 긍정적인 의미를 내포한다고 해서 단순히 결과도 길할 것이라고 해석하면 주역의 뜻을 완벽하게 이해하지 못한 것이다.

주역에서 태괘는 '작은 것이 가고 큰 것이 온다'는 의미가 있다. 분명 길할 징조이긴 하지만 그렇다고 순리에서 벗어나 무리하면 안 된다. 인간의 운명은 고정불변하지 않고 어떤 원칙을 가지고 끊임없이 변한다. 끝없이 변하기 때문에 다음에 올 수 있는 사건을 예측할 수 있다. 만약에 모든 것이 단순하게 고정되어 있다면 예측이라는 행위 자체가 무의미하고 예측할 필요도 없다.

태괘가 인생사로 볼 때는 잘 풀리는 길운이지만 그다음 괘를 봐야 한다. 하늘이 위에 있고 땅이 아래에 있어서 순환되지 않고 기운이 막히는 천지비(天地否)가 따라온다. 인생사로 볼 때는 운이 막히는 비운이다.

천지비는 지천태와 반대로 위에 하늘, 아래에 땅이 있다. '큰 것이 가고 작은 것이 온다'는 뜻을 내포하고 뭘 해도 잘되지 않으니 때를 기다려야 한다. 길운인 지천태 다음에 비운의 천지비가 따라오는 건 인생사의 복과 화가 순환하는 법칙에 따른 것이다.

대기만성형 수재

당대 최고의 수재라 꼽혔던 다산도 칠전팔기 끝에 과거에 급제했다는 일화를 보면 그의 삶도 복과 화가 순환했음을 알 수 있다. 1786년 당시 다산은 과거시험 준비에 힘써야 할 때였다. 그런데 남몰래 천주교 재건에 힘을 보태느라 과거 공부에만 온전히 몰입할 수 없었다. 결국, 과거시험에서 번번이 고배를 마시며 괴로워했다고 알려져 있다.

다산은 그해 2월 3일 별시 초시에 합격하고, 사흘 뒤 2월 6일의 복시, 즉 2차 시험에서는 떨어졌다. 당시 심경을 〈감흥(感興)〉이라는 시로 남겼다.

세상살이 술 마시는 일과 같아서　　　(섭세여음주 涉世如飲酒)

처음에는 따져가며 잔에 따른다.　　　(시음의세짐 始飲宜細斟)

마신 뒤엔 문득 쉽게 술이 취하고　　　(기음편이취 旣飲便易醉)

취한 뒤엔 본디 마음 혼미해지네.　　　(기취미소심 旣醉迷素心)

정신 놓고 술 백 병을 들이켜면서　　　(침명도백호 沈冥倒百壺)

돼지처럼 씩씩대며 계속 마시지.　　　(식식상음음 豕息常淫淫)

산림에는 드넓은 거처가 많아　　　　(산림다광거 山林多曠居)

지혜로운 이 진작에 찾아간다네.　　　(지자능조심 智者能早尋)

마음에만 품을 뿐 갈 수가 없어　　　(장회불능매 長懷不能邁)

하릴없이 남산 그늘 지키고 있네.　　　(공수남산음 空守南山陰)

이 시를 보면 청년 다산의 인간적인 면모를 볼 수 있어서 웃음이 난다. 세상살이가 마치 술을 마실 때처럼 처음엔 조금만 마시려고 하고 잔 수를 센다. 하지만 술에 취하면 폭음을 하고 만다. 과거시험 따위 다 내던지고 산으로 들어가 살아갈 용기가 없어서 답답하다. 생활도 해야 하고 과거시험도 준비해야 하는데 어느 것도 제대로 할 수 없어서 괴로운 마당에 다 포기하고 산으로 들어가고 싶다. 다산은 이 시를 짓고 고향집으로 돌아와버렸다.

마음을 다잡은 다산은 다시 성균관 유생의 본분으로 돌아와 시험 준비에 돌입했다. 그 결과 1786년 8월 1차 시험이라고 볼 수 있는 제술과 전강에 2등으로 합격했다. 곧장 대과(大科)를 보려면 수석을 해야 자격이 주어지므로 등수 하나 차이로 대과를 응시할 기회를 잃었다.

그때 일개 유생인 다산을 정조가 위로했다고 전해진다.

"네가 지은 글은 귀하다고 할 만하다. 성취가 조금 늦어진다 하여 시속을 따를까 봐 염려스럽다. 다른 것을 표방해서는 안 된다."

정조는 '네 글이 1등이라고 생각한다. 시류에 맞춰 지금의 네 모습을 바꿔서는 안 된다. 계속 노력하거라'라는 말로 다산을 다독였다.

다산은 28세가 되던 봄, 과거에 수석 합격하고 금의환향했다. 수재가 칠전팔기 끝에 과거에 붙었으니 가문과 고향 마을은 온통 축제 분위기였다. 그는 이때의 심경도 시로 남겼다.

임금 앞에서 보는 시험 몇 차례 응시했다가

마침내 포의 벗는 영광을 얻었네.

하늘이 이룩한 조화 깊기도 하여

미물의 생성에 후하게 주었네.

둔하고 졸렬해 임무 수행 어렵겠지만

공정과 청렴으로 정성 바치기 원하노라.

격려 아끼지 않으신 임금님 말씀

그런데도 어버이 마음 위로되었네.

　다산의 첫 발령지는 희릉직장이었다. 그의 아버지가 한때 희릉 참봉을 맡은 적이 있었다. 비록 한직이긴 하나 관직의 첫 출사였고 아버지의 발자취가 밴 곳이어서 더욱 뜻깊었다. 그는 또 발령지에서 일하면서 왕궁 내의 규장각에 다니도록 허락받았다. 젊은 관리들이 쉬지 않고 공부하기를 바랐던 정조의 배려였다.

　다산의 청년 시절을 보면 천재 소리를 들으면서도 성장 속도가 빠르지 않았다. 대기만성형이라고 할 수 있는데 그 점이 더 큰 인물이 되는 데 이바지한 것 같다. 그의 삶이야말로 작은 것이 가면 큰 것이 온다는 태과에 걸맞지 않은가.

　지금 수많은 청년이 공무원 시험, 자격증 시험에 매진하고 다수는 낙방하며 괴로워하고 있다. 그럴 때 한 시대를 주름잡는 수

재였던 다산도 시험에 여러 번 낙방했음을 떠올리면 어떨까? 초
조하고 불안한 마음이 조금은 가시지 않을까.

뒷담화를 삼가라

화뢰서합
火雷噬嗑

뒷담화는 감옥을 사용하는 것이
이롭고 형통하다.

요즘에는 말로써 작은 악을 조금씩 쌓는 이들이 너무 많다. 《주역》에서는 말로 저지른 잘못을 엄벌해야 한다고 가르친다. 이 가르침에 해당하는 괘가 바로 서합괘이다.

상을 보면 세 개의 양효와 세 개의 음효가 위아래로 섞여서 이뤄진 괘이다. 아래는 진괘이고, 위는 리괘로 이뤄진 괘다. 서합의 서(噬)는 '이로 깨문다'는 의미이고, 합(嗑)은 '합한다'는 의미다. 즉 서합은 '깨물어 섞인다'라는 뜻이다.

그래서인지 우리는 누군가를 두고 뒷담화하는 행위를 '씹는다'라고 표현한다. 이 단어의 어감이나 용례를 보면 절대로 아름다운 말은 아니다. 그런데 왜 말하기와 씹는 행위를 같이 보는 걸까? 그 이유는 사람의 입을 보면 알 수 있다.

입은 우리가 음식을 섭취할 수 있는 중요한 통로이다. 그리고 우리는 입으로 말을 함으로써 타인과 소통한다. 관계를 구축하고 지식을 전하며 예술을 표현하는 도구가 입인 셈이다. 명리학에서도 식신이 강한 운명은 먹을 복이 있으면서 동시에 언변도 좋다고 본다. 또 프로이트는 심리성적 발달의 첫 단계를 구순기라고 이름을 붙였다.

0~2세의 유아가 입과 구강을 자극함으로써 만족을 얻고 입으로 소리를 내면서 세상을 경험한다. 프로이트 이론에 따르면 이 기간에 성적 쾌락의 장소는 구강이고 그래서 유아가 젖을 빼는 행위에서 강한 만족감을 얻는다고 설명한다. 보통 구순기에 자아개념이 발달한다고 보는데 한마디로 인간이 자아를 지각할 수 있는 행위가 전부 입을 통해서 이뤄진다고 볼 수 있다.

그런데 이 중요한 입이 형체 없는 말로 사람을 죽일 수도 있는 무서운 흉기가 되기도 한다. 뾰족하고 날카로운 말은 잘못하는 사람에게 일침을 가할 때 쓴다고 하는데 잘하고 못한 것은 누가 가리는가? 남을 지적하고 비판하려면 그 판단을 내리는 사람이 언제나 옳고 지성적이고 냉철해야 한다. 하지만 우리 인간이 그렇게 완벽한 존재인가? 그보다는 너는 나와 생각이 다르니까 함부로 깎아내리고 나와 생각이 맞지 않으면 함부로 입을 놀려서 헐뜯는 일이 더 많다.

세상에 이토록 많은 사람이 살고 있는데 저마다의 가치관으로 남을 씹고 그로 인해서 다툼이 벌어지면 어떻게 될까? 그야말로 아수라장이 될 것이다. 이에 관해서 중국 당나라의 공영달은 서합괘에 대해 이렇게 말했다.

"입안에 위아래로 나뉘어 섞이지 않는 물질이 있다면 치아로 물고 씹어 그 물질들을 하나로 잘 섞이게 해야 하는 법이니 만일 그렇게 됐다면 형통할 것이다."

이를 씹어서 입안의 물질이 섞이는 현상을 화합에 비유한 말이다. 그러므로 서합괘가 반드시 부정적인 의미만 내포하는 건 아니다. 모욕, 헐뜯음, 대립, 마찰이 숨어 있는 개념이지만 그러한 갈등을 통해서 서로 소통하면 극적으로 화합에 이를 수도 있다.

그렇게 엄청난 갈등이 발생했을 때 소통을 통해 화합으로 이르는 과정이 바로 정치이다. 서합괘는 법에 근거한 군주의 정치 행위를 통해서 이질적인 사람들을 서로 섞는다. 그래서 근대의 《주역》 해석을 보면 서합괘를 공동체 형성과 소통의 장이라는 의미로 확장했다. 사람들이 공동체를 형성하여 소통하고 교류하는 장이 바로 서합인 셈이다.

품석정의 유래
....

다산이 낙향해서 친지, 친구들과 정자에 모여 한가롭게 술잔을 기울이던 중에 있었던 일이다. 술 한잔 들어가면 흔히 그렇듯 사람들은 자리에 없는 누군가를 험담하기 시작했다. 누군가가 이렇게 한탄했다.

"그자는 부끄러운 줄 모르고 권세와 명예를 탐하고 있으니 차마 안타까운 일이 아닐 수 없었소."

그러자 다산이 이렇게 대꾸했다.

"사람은 함부로 품평할 수 있는 대상이 아닙니다. 그런 의미에서 벌주 한잔하시지요."

상대는 다산이 권하는 술을 마셨다. 얼마 지나지 않아서 또 다른 사람이 혀를 끌끌 찼다.

"저기 있는 말은 짐도 제대로 지지 못하면서 먹이만 계속 축내는구나!"

그 말을 들은 다산은 또 술을 권했다.

"미물인 짐승에게도 함부로 품평하면 안 됩니다."

그러자 다산과 함께 있던 사람들이 모두 불만을 토로했다.

"그대와 함께하는 자리에서는 입을 물고 혀를 묶어야 하겠군, 그려."

다산은 웃으면서 대답했다.

"종일토록 품평해도 화를 내지 않는 게 있는데 한번 보시겠습니까?"

다산이 정자 주변에 있는 바위를 마음껏 자랑했다.

"어떻습니까? 바위에 칭찬했다고 입을 묶어둘 필요가 있겠습니까?

그 말을 들은 한 사람이 다산에게 물었다.

"바위는 화를 낼 줄 모르기 때문에 자유롭게 품평할 수 있는가?"

"아닙니다, 제가 바위에 칭찬만 했지 언제 욕하거나 모욕을 주거나 불손하게 말한 적이 있습니까?"

잠시 바위를 보다가 다산이 또다시 말을 이어갔다.

"말이 없는 바위라도 참된 품평은 칭찬하는 데 있습니다."

다산은 품평의 목적이 칭찬에 있음을 강조했다.

이 이야기가 전해지면서 다산과 일행이 대화를 나누고 토론하던 정자는 바위마저 칭찬해야 한다는 의미의 '품석정(品石亭)'이라는 이름으로 불렸다.

"남을 평가하는 것은 참으로 쓸모없는 일입니다. 그런데도 사람들은 남들을 평가하느라 많은 시간을 허비하고 있으니 얼마나 안타까운 일인지 모르겠습니다."

다산의 이 말은 오늘날 우리에게 큰 가르침을 준다. 우리가 흔히 남을 평가할 때 칭찬보다는 폄하, 멸시가 주를 이룬다. 다산의 시각으로 보면 이는 '참으로 쓸데없는' 일이다. 남을 씹느라 시간과 노력을 헛되이 쓰는 사람이라면 꼭 새겨들어야 할 말이다. 내 뱉은 말의 화살이 언제 나에게 다시 독이 되어 돌아올지 모른다.

이별은 새로운 시작이다

중화리
重火離

위아래 치우치지 않고
중심을 잘 잡은 이별은 으뜸으로 길하다.

이괘(離卦)는 위와 아래가 모두 불의 형상을 갖추었다. 이는 서로 의지하여 타오르는 불을 상징한다. 주역에서 이괘는 '바른 정도로 나아가면 이롭고 형통하다. 유순하고 성실한 암말을 기르는 형상'이라고 했다.

우리가 일반적으로 '불' 하면 떠오르는 이미지와 다르게 불의 성질은 유순하고 성실하다. 쉬지 않고 타오르면서 온기를 뿜는 불을 보고 있으면 저절로 '생명'이라는 단어가 떠오르는 이유도 그래서다. 요즘에는 불의 유순함, 성실함이 힐링의 수단이 되기도 하는데 근래 유행하는 '불멍'도 그중 하나이다.

불멍은 말 그대로 불을 보면서 멍하게 시간을 보내는 취미를 뜻한다. 캠핑족 사이에서 시작된 유행인데 사실 불은 걱정과 스트레스가 머리에 가득 찬 사람에게 필요한 치료제이다. 그래서 그 옛날 선조들이 불을 가까이했다. 우리의 전통 가옥 구조를 보면 집마다 아궁이와 온돌이 갖춰져 있다. 내가 어릴 때만 해도 시골에는 아궁이, 온돌이 흔했는데 도시 생활을 시작하면서 이 좋은 불을 가까이 할 일이 없어 가장 아쉽다.

할 수 없이 귀농한 친구의 집에 갈 때마다 아궁이로 직행한다. 소위 말하는 불멍을 하면서 쉬기에는 이보다 좋은 장소가 없다.

"이 사람아, 불 때러 여기 왔나?"

친구의 타박에도 불멍은 계속된다. 소나무 장작이 불을 만나면 불길이 활활 타오른다. 그 광경을 보고 있으면 몸이 따끈해지다가 가슴까지 뜨거워진다. 따뜻한 기운 덕분에 몸 깊숙한 곳에서 생명이 차오른다. 마치 아픈 곳이 낫는 듯하고 걱정이나 스트레스도 불의 기운과 함께 날아가는 기분이다. 나중에는 불과 불이 만나서 서로 의지하며 더 큰불이 된다. 나는 아예 아궁이 앞에다가 자리를 잡고 앉아서 타들어 가는 장작불을 바라봤다.

눈을 감고 숨을 마시면 인공의 향이 흉내 낼 수 없는 내음이 가득하다. 나무 타는 연기와 냄새는 오래된 기억을 불러온다. 어린 시절의 냄새 같기도 하고 인간의 유전자에 새겨진 원시의 냄새 같기도 하다. 편안하고 그윽한 냄새가 뇌를 편안하게 한다. 인류의 역사가 불을 발견한 이후부터 그전과 비교할 수 없이 윤택해진 역사를 보면 인간은 본능적으로 불을 좋아한다.

특히 우리 민족은 불을 무척 좋아해서 아궁이에 불을 때 방을 덥혔다. 불의 열기가 바닥에 깔린 통로를 지나면서 굴뚝으로 배출된다. 시간이 지나면 구들장이 뜨끈뜨끈해진다. 이것이 온돌이다. 온돌은 한민족의 고유한 문화라서 옥스퍼드 영어 사전에도 'ondol'이라고 표기돼 있다. 온돌의 순우리말은 '구들'인데 이는 구운 돌이라는 뜻이다.

겉은 화려하나 속은 공허한 관계를 조심하라

이런 불이 하나도 아니고 두 개이기 때문에 이괘의 상은 화려하다. 그런데 불이 붙기만 해서 다 좋은 것은 아니다. 태울 물건을 신중히 고르고 올바른 것을 태워야 형통하고 이롭다. 한마디로 기름, 마른 풀, 장작, 종이처럼 불에 종속되거나 의존 관계에 있는 것을 태워야 불의 참된 위용을 드러낼 수 있다. 그래서 말을 잘 듣는, 순한 암말을 길러 이로운 것과 같은 이치라고 한 것이다.

그런데 이로운 불도 한도를 초월하면 재난을 일으킨다. 이괘는 성실함, 온순함의 상징인 한편 상하가 모두 본질을 두꺼운 껍질 속에 숨기고 있다. 또 똑같은 상이 서로 대치하고 있는 상이라서 특별히 주위가 필요하다.

똑같은 불이 대치한다는 것은 서로의 마음이 잘 통한다는 뜻이기도 하지만 반대로 관계, 사업, 거래에서 의기투합하지 못한다는 뜻도 포함한다. 서로 자신을 뜻만 내세우면 좋게 유지될 관계를 잃어버릴 우려도 있다. 따라서 오만, 사치, 자만을 버리고 검소, 절약의 미덕을 지켜야 한다. 이괘는 이별수를 뜻해서 겉은 불타올라 화려하나 속은 공허하다. 그래서 겉치레에만 집중하다가 패가망신하는 수가 있다.

때로는 좋은 이별도 있다

우리는 살면서 다양한 이별을 겪지만, 인간사에서 남녀 간의 이별이 가장 보편적이다. 한번은 먼 지방에서 운명상담을 받겠다고 찾아온 여성이 이별한 이야기를 들려준 적이 있다. 그는 한 남성과 2년째 교제하며 혼기가 꽉 차서 결혼 이야기도 나누었는데 너무나 어처구니없는 일로 이별했다고 했다.

"제가 심적으로 많이 의지했고 서로 잘 통한다고 생각했던 사람이에요. 근데 갑자기 헤어지자고 하는 거예요."

상담하러 온 여성의 남자친구는 5개월 전쯤에 직장을 서울로 옮겼다고 한다. 거리상으로 많이 멀어졌는데 그때부터 남자가 이 여성에게 소홀해지기 시작했고 둘이 만나는 횟수도 줄었다. 한 달에 세 번을 만나다가 두 번이 되고 한 달에 겨우 한 번 만날까 말까 하다가, 아니나 다를까 이별 통보를 받았다고 한다. 상담을 청한 여성은 그 남성과 다시 만날 수 있는지 그리고 자신이 언제쯤 결혼을 할 수 있는지 궁금해했다.

그 여성의 처지가 안타깝지만, 남자의 사주가 한 여자로 만족할 수 없는 인물이었고 다시 돌아올 가망도 없었다. 여성이 상담하러 온 시점에서 보면 결혼의 운은 이미 지나갔고 3년 뒤에 다시 운이 강하게 들어올 운명이었다. 그때까지는 급하다고 아무 남자나 만나지 말고 차분하게 기다리며 좋은 남자를 알아볼 안목을 기르라고 조언했다.

그런데 이제 막 이별을 겪어서인지, 헤어진 남성을 못 잊어서인지 여성이 갑자기 울음을 터뜨리더니 그칠 줄 몰랐다. 그때 이 여성에게 진정으로 필요한 건 3년 뒤에 결혼의 운이 따른다는 냉정한 조언이 아니라 당장 이별의 아픔을 달래줄 수 있는 따뜻한

말 한마디일 거라는 생각이 들었다.

"그러지 말고 그런 죽일 놈일랑 잊어버려요."

"네?"

갑자기 자기 애인이던 사람을 '죽일 놈'이라고 칭하자 여성이 깜짝 놀라서 울음을 그쳤다.

"결혼 이야기까지 오갔던 사이에 몸이 멀어졌다고 마음조차 멀어져서 헤어지자고 하는 놈 때문에 울 이유가 있어요? 평생 의지하고 살 남자가 못 되니까 헤어진 걸 천운으로 여기세요. 그래야 더 좋은 배우자가 나타납니다."

어떻게 해도 울음을 그치지 않을 것 같아서 꺼내든 카드이긴 하지만 효과가 없지 않았다. 단순히 변심해서 떠난 남자를 죽일 놈이라고 한 건 미안하지만 상담을 청한 이의 마음을 달래주는 것도 운명상담의 역할 중 하나라 생각한다.

우리 인생에서 좋은 이별이란 귀하고 드물다. 그런데 50대쯤 되면 이별이 한결 수월하긴 하다. 오래 다니던 직장을 떠나서 새 직업을 모색하며 인생 2막을 시작할 수 있고 자식들이 잘 자라서 둥지를 떠나고 독립하기도 한다. 또 젊을 때는 나와 잘 맞지 않는 사람과도 어떻게든 잘 지내려고 애썼다면 오십이 넘어서는 쿨하게 자기만의 갈 길을 가는 게 더 현명한 방법일 수 있다. 나이듦이 주는 선물이 아닐 수 없다. 갑작스러운 이별도 담담하게 받아

들이는 지혜가 필요한 때이다. 그 또한 나이에 걸맞게 성숙해지
는 길이다.

진심을 다하면 통한다

택산함
澤山咸

사랑은 형통하니 바르게 해야
이롭고 결혼을 하면 길하니라.

다산은 긴 유배 생활로 갖은 고초를 겪었지만, 그 가운데서도 가장 고통스러운 건 가족과의 이별이었다. 다산의 부인인 홍혜연은 한 살 연상이었고 부부 금실이 좋았다고 전해진다. 슬하에 6남 3녀를 두었는데 그중 여섯 명을 조산과 질병으로 잃었다. 그들 중에 다섯 명은 태어난 지 얼마 되지 않아서 죽는 바람에 이름을 남기지도 못했다고 한다.

특히 강진에 유배 온 지 1년이 지난 1802년, 네 살의 막내아들이 죽었다는 소식을 듣고 다산은 슬픔에 몸부림쳤다고 한다. 그 막내는 보통 막내가 아니었다. 다산이 유배 길에 오를 때 아내가 품에 안고서 과천까지 배웅했던 게 마지막 모습이었다.

아들의 사인은 홍역이었는데 이제나저제나 아버지가 오기만을 기다리던 막내는 병석에 누워서도 종종 아버지 이야기를 꺼내곤 했다.

"아버지가 오시면 소자 홍역이 나을 거예요."

그러나 간절한 소망은 이뤄지지 않았다. 다산은 아버지가 돼서 아이들을 돌보지 못하고 집을 떠나 사는 처지를 한탄했다. 그리고 자신 못지않게 가슴이 갈기갈기 찢어졌을 아내를 걱정했다. 마냥 슬퍼할 수만 없었던 그는 아버지로서 두 아들에게 어머니를 잘 돌보라는 내용의 편지를 썼다.

'너희는 모쪼록 마음을 다해 효성으로 어머니를 봉양해서 어머니의 목숨을 보전하도록 해라.'

다산은 이 편지에서 죽은 막내는 너희 어머니가 품었던 한 가닥 희망이라고 쓰고 나는 너희 어머니를 생각하며 그 아이의 아버지임을 잠시 잊고 너희 어머니를 위해 슬퍼한다고 했다. 가족과 생이별하고 서로 만나지도 못하는 처지였지만 서신으로라도 마음을 전하고자 애썼던 다산의 사랑이 절절하게 느껴지는 일화이다.

치마폭에 쓴 러브레터

다산이 이토록 아내를 사랑했기 때문에 아내 역시 만날 수도 없는 남편을 한시도 잊지 않았다고 한다.

'눈서리 찬 기운에 수심만 더욱 깊어지고 등불 아래 한 많은 여인은 뒤척이며 잠 못 이루고 그대와 이별을 한 지 어느덧 7년. 서로 만날 날 아득하네.'

다산의 부인은 1806년 겨울에 남편을 향한 애끓는 마음으로 붓을 들었다. 그해는 다산과 홍 씨가 결혼한 지 30주년이었다. 홍씨는 출산을 여러 번 하고 남편 없이 아이들을 건사하느라 병든 지 오래였다. 도대체 언제 유배에서 풀려날지 모르는 남편을 기다리는 부인의 안타까운 그리움을 달래고자 시를 쓴 것이다. 강진에 있는 남편에게 시를 보내면서 시집을 때 입었던 다홍치마를 함께 보냈다.

'집을 옮겨 남쪽으로 내려가 끼니라도 챙겨드리고 싶지만 한 해가 저물도록 병이 깊어져 이 내 박한 운명을 어찌하겠습니까. 이 애절한 그리움을….'

아내의 극진한 사랑이 다산의 마음에 곧장 닿았는지 그는 꿈에서 아내를 보았다. 생생한 아내의 모습을 잊어버릴까 사랑하는 마음을 시로 남겼다.

'그리워 말아야지. 그리워 말아야지. 서글픈 꿈속에서 본 그의 얼굴….'

다산은 부인이 보낸 다홍치마를 다섯 폭으로 나눴다. 아내의 치마는 30여 년의 세월이 흐르는 동안 빛이 바래서 담홍색이 됐다. 다산은 아내의 치마가 편지를 쓰기에 알맞다고 여겨 다섯 폭으로 잘라서 조그만 첩(帖)을 만들었다. 여기에는 두 아들을 훈계하는 글을 써서 아이들에게 주었다. 아무리 종이가 귀하기로서니 굳이 치마를 잘라서 편지를 쓸 이유가 있었을까. 다산은 치마에 쓴 글을 보고 두 아들이 감동해서 부모의 흔적과 손때를 생각하고 그리는 감정을 오래도록 잊지 않았으면 한다고 했다.

1810년 가을, 다산은 아내의 치마에 쓴 편지 26편을 두 아들인

학연, 학유에게 보냈다. 아들은 28세와 25세로 늠름한 청년이 되어 있었다. 2년 뒤에는 20세가 된 외동딸이 다산의 벗인 윤서유의 아들 윤창모와 혼인했다. 이때 다산은 매우 기뻐했다고 전해지는데 빛바랜 치마 한 폭에 화조도를 그렸다고 한다.

다산이 그린 매화와 새 두 마리는 부부 금실을 상징한다. 서로 멀리 떨어져 있어도 부부의 의리와 정을 한시도 잊지 않았던 다산과 홍 씨 부부처럼 딸도 부부가 평생 서로를 바라보기를 바랐던 것이다.

몸이 멀어도 마음이 있다면 통한다

다산이 기나긴 유배 생활을 견디면서 가장 고통스러웠던 건 가족과 만나지 못하는 게 아니었을까? 만나서 기쁨을 나누지 못하고 슬픔을 함께하지도 못하는 처지를 얼마나 슬퍼했을까. 여기에 다산은 아버지의 부재로 두 아들에게 마땅히 가르쳐야 할 것을 가르칠 수 없음을 크게 안타까워했다고 한다.

유배지에서도 가족을 그리워하며 그때마다 편지를 썼던 다산이 오늘날 우리네 가정의 모습을 이해할 수 있을까? 한집에 살면서도 평일에는 밥상에 함께 앉기도 어렵고 서로 한 공간에 있으면서도 스마트폰만 들여다보는 우리의 모습을.

다산의 삶을 보면 이별이 문제가 아니다. 이별은 오히려 새로운 시작이다. 진심만 있으면 아무리 오랜 세월 먼 곳에 있어도 마음은 통할 수 있다. 빛바랜 치마폭에 쓰인 그 숱한 시와 편지 속에 말이다.

함(咸) 마음이 같을 때 사랑을 느낀다.

항(恒) 변하지 않는 마음으로 유지된다.

췌(萃) 사람을 모으려면 지극정성을 다하라.

쾌(夬) 결단할 때는 사람이 함께해야 한다.

둔(屯) 잠시 머물더라도 책임자를 세워라.

송(訟) 다툼은 빨리 끝내라.

이(頤) 자식을 기름으로써 행복해진다.

버리고 나눌수록 홀가분해진다

산택손
山澤損

나눔이란 믿음을 두면 으뜸으로 길하고 허물이 없어
목표를 정확히 하여야 이익이 있으니 어찌 사용하겠는가?
두 개의 제기로 간소하게 제사를 지낼 수 있다.

근래 재미있는 신조어를 하나 접했다. '돈쭐'이라는 단어인데, '돈'과 '혼쭐'이 합쳐진 말이다. 말인즉슨 돈으로 혼쭐을 낸다는 뜻이다. 돈으로 어떻게 혼낼 수 있을까? 알고 보니까 좋은 일을 하는 사람이 운영하는 가게나 그가 파는 물건을 여럿이서 사주자는 역설적인 말로 '돈쭐을 낸다'라고 한다.

예를 들어서 굶주리는 형제에게 공짜 치킨을 선물한 치킨집, 한부모 아빠에게 피자를 선물한 피자 가게의 미담이 SNS를 타고

널리 알려지면 사연을 접한 사람들은 가게를 알아내서 음식을 주문한다. 주문이 하도 많아서 정신도 못 차릴 정도로 밀려들기 때문에 가게 미담의 주인공은 돈으로 혼쭐이 난다.

충북 진천에서도 돈쭐 사건이 벌어진 적이 있다. 충북에는 탈레반을 피해서 한국에 들어온 아프가니스탄인들이 머물고 있다. 진천 사람들은 '6·25전쟁 시절을 생각하면 같은 처지의 아프간인들을 외면할 수 없다'고 그들을 안타까워하며 진심을 다해 이웃으로 받아주었다. 그러자 이 소식을 접한 사람들이 진천의 특산품인 쌀, 기름, 홍삼을 평소보다 10배 이상으로 주문하는 바람에 진천의 쇼핑몰 사이트가 일시적으로 먹통이 되었다고 한다. 베풀고 나누며 사는 사람의 이야기가 널리 알려지고, 뜻을 함께하는 사람들이 그를 물심양면으로 응원하고 격려하는 모습은 언제 보아도 훈훈하다. 이런 보통 사람이 만든 작은 기적으로 우리가 사는 세상이 아직도 살 만한 곳이라는 걸 알 수 있다.

소설가 박경리 선생은 나눔에 대해서 이렇게 말했다.

'가난하다고 다 인색한 것은 아니고, 부자라고 모두 후하지는 않다. 인색함이 검약은 아니고, 후함이 낭비가 아니다. 후함으로 삶이 풍성해지고, 인색함으로 삶이 궁색해 보인다.'

우리 속담에도 이런 말이 있다.

'죄는 지은 대로 가고 공은 쌓은 대로 간다.'

베풂이 곧 미덕이고 실천해야 할 덕목이니 남에게 베풀고 나누면서 살라는 뜻이다. 사주명리학에서 운명을 분석할 때도 그 사람에게 나누는 성정이 있는지 살펴본다. 이는 '육친(六親)'이라는 개념으로 설명할 수 있다. 육친은 다른 말로 십신(十神), 십성(十星)이라고 부르는데 비겁(비견, 겁재), 식상(식신, 상관), 재성(편재, 정재), 관성(편관, 정관), 인성(편인, 정인)으로 구분된다.

이 중에 식신(食神)은 단어 그대로 밥의 신이자 먹을 복을 타고났다는 뜻이다. 넉넉한 마음으로 베풀 줄 알고 나누기를 좋아하는 성품을 의미하기도 한다. 운명에 식신의 기운이 강한 사람은 남을 위해서 희생하려는, 이타적인 심성을 가졌다. 이들은 남에게 밥을 해주는 직업을 가지거나 아이들을 훌륭하게 길러내고 좋은 교육자가 된다.

채우기보다 덜어내기가 먼저다

명리학뿐만 아니라 주역에서도 나눔의 지혜가 운명의 길흉과 직결되어 있다고 본다. 공자의 말씀을 옮겨놓은 《공자가어(孔子

家語)》를 보면 이런 구절이 있다.

'공자께서 주역을 읽으시다가 손익괘에 이르자 탄식하며 말씀
하시되 덜고자 하는 자는 더하고, 더하고자 하는 자는 잃음이
라.'

여기서 손(損)괘가 등장한다. 주역의 손괘는 산과 연못을 상징
한다. 형상을 보면 아래에 음이, 위에 양이 자리를 잡고 있다. 위
를 덜어서 아래를 더하는 모습으로 만사에 공손하며 거스르는
일이 없다. 이는 '하늘에 순응하는 자는 오래 살아남고 하늘에
거역하는 자는 망한다'라는 의미로 해석된다. 다산은 왕이 백성
에게 베푸는(복시) 것이 손(損)이라 하였다.
　가만히 산과 연못을 바라보라. 얼마나 자연스럽고 순응적인가.
산골짜기에 흐르는 물은 움직임이다. 절대로 한곳에만 머물거
나 고립되지 않는다. 산골짜기의 물은 연못으로 덜어주고 연못
의 물은 기체가 되어 하늘로 오르고 구름이 되어 비를 내려 산의
나무들을 살려 구름이 흐르는 형상을 보면 잠시도 가만히 있지
않고 변한다. 우리 삶의 덧없음과 닮았다. 이것이 골짜기 물의 힘
이다. 산골짜기 물이 연못이 되고, 물이 구름이 되고 구름을 몰고
다니다가 비를 내리게 하여 산의 나무와 숲을 자라게 하고 산을

지켜준다. 가진 자가 덜 가진 가난한 자에게 덜어줄 때 권력이 있는 자가 민중에게 덜어줄 때 가난한 자인 민중들이 다시 그들을 도와주는 것이 손괘이다.

따라서 산과 물의 형상을 가진 손괘는 덜어버릴 건 과감하게 덜어버리라는 뜻이다. 인격을 수양하는 공부 역시 덜어냄으로써 시작된다. 다시 말하면 덜어내는 상황을 수양의 계기로 삼아야 한다는 것이다.

왜 덜어내는 것이 먼저일까? 덜어내야 진리를 담을 수 있고, 마음의 평화를 누릴 수 있다. 마음에 온갖 욕심과 번민이 가득한 사람이 어떻게 진리를 품겠는가? 마음의 자리가 비좁아서 진리가 들어갈 틈이 없다. 진리를 품으려면 하늘로부터 타고난 본성을 보존하는 데 저해되는 요소를 먼저 덜어내야 한다. 그래야 성인의 뜻을 깨달을 수 있다.

덜어낼수록 이익이 커진다

그렇다면 가장 먼저 무엇을 덜어내야 할까? 단연코 제일 먼저 욕심을 덜어내야 한다. 공자가 말하길 '분노를 경계하고 탐욕을 막아라'는 뜻으로 징분질욕(懲忿窒慾)이라고 했다. 여기서 분(忿)

은 분노이고 욕(慾)은 탐욕이다. 인간은 좋은 것을 당기고 싫은 것은 배척한다. 좋은 것을 지나치게 당기면 탐욕이 되고 싫은 것을 지나치게 배척하면 분노가 된다.

분노는 불기운과 같이 타오르기 때문에 경계해야 하며 탐욕은 끝을 모르기 때문에 잘 다스려야 한다. 요즘 들어 우리는 지나친 분노와 욕심 때문에 인격적으로 더욱 병들고 있다. 그래서 분노와 욕심을 빨리 떨치고 덜어내는 사람이 누구보다 빨리 행복해질 수 있다.

특히 군자는 하늘의 뜻을 알고 성인의 도를 덜어냄과 보탬의 기준으로 삼아야 한다. 우리는 흔히 덜어내면 내가 손해 본다고 생각하기 쉽지만, 이는 하나만 알고 둘은 모르는 계산법이다. 예를 들어서 공부를 잘하려면 남을 가르쳐봐야 한다. 다른 사람을 가르칠 수 있다면 그 개념은 완벽하게 이해한 것이고 나의 학문과 지식은 줄지 않는다. 도리어 크게 보탬이 된다. 진리와 사랑은 어떤가? 여러 사람과 나누면 나눌수록 커진다.

따라서 주역에서는 덜어냄이 하늘을 향한 믿음과 결부되어야 한다고 강조한다. 그러나 말로 하기는 쉽지만 인간이 욕심을 덜어내려면 여간 어려운 게 아니다. 우리 인간이 욕심을 버리려면 '덜어낼수록 이익이 커진다'라는 하늘을 향한 믿음과 하늘에 순응하는 성심이 있어야 한다. 그러면 그 결과가 크게 길하다.

덜어낼수록 이익이 커진다는 뜻은 동양철학에서 나타나는 독특한 진리이다. 7년 전에 이 진리를 크게 일깨워준 일이 있었다. 주역을 공부하러 찾아온 제자 가운데 회계사가 있었다. 그가 나에게 재미있는 이야기를 들려줬다.

"선생님, 저는 오래전부터 재무제표를 쓸 때 손익계산서를 왜 '익손계산서'라고 하지 않는지 궁금했습니다. 지금 우리가 쓰는 회계 시스템은 서양에서 도입됐고 서양에서는 의례 이익계산서(Income Statement)나 익손계산서(Profit and Loss Statement)라는 말을 쓰거든요?"

나로서는 처음 듣는 이야기인데 무척 흥미로웠다.

"그런데 동양에서는 익손계산서라고 하지 않고 손익계산서라고 하죠. 익손이라는 말은 아예 쓰지 않아요."

"듣고 보니 그렇군요."

"선생님 밑에서 주역을 공부해보니 왜 손익계산서라고 하는지 알겠습니다."

"그걸 자네가 혼자서 터득했다?"

"주역에 손괘 다음에 익괘가 나오는 걸 보면서 자연스럽게 알게 됐습니다. 서양은 이익 위주로, 이익을 먼저 생각하지만 동양에서는 우선 덜어내고 채운다고 보는 거죠."

청출어람이라고 했던가? 영특한 제자 덕분에 나도 큰 깨달음을 얻었다. 제자의 말처럼 주역에는 손괘 다음에 익괘가 온다. 공자도 주역에 해괘 다음에 손괘, 손괘 다음으로 익괘가 나오는 것을 보고 다음과 같이 말했다.

'해(解)는 느슨함이니 느슨하면 반드시 잃는 바가 있으므로 손(損)으로 받았고, 덜어내고 그치지 않으면 반드시 더하므로 익(益)으로 받았다.'

해결하고 싶으면 평화부터 찾아라

뇌수해
雷水解

해답은 서남쪽이 이로우니 해결할 바가 없거든
다시 돌아옴이 길하고 해결할 바가 있으면
빠르게 하는 것이 길하다.

용녀(傭女)는 금관가야 제6대 좌지왕(坐知王)의 왕비였다. 그가 왕비가 되면서 문제가 생겼다. 《삼국유사》에 따르면 용녀가 왕비가 되더니 왕이 그 측근에게 벼슬을 주었고 그러자 나라가 시끄러웠다고 한다. 게다가 이웃나라 신라가 가야의 혼란을 틈타서 공격하려고 호시탐탐 노리고 있어서 문제가 이만저만이 아니었다.

이때 좌지왕의 대신인 박원도(朴元道)가 나섰다.

"하늘이 망하고 땅이 꺼지면 사람이 어느 곳에서 보전하겠습니까?"

박원도는 용녀와의 관계를 끊어버리라고 왕에게 간청했는데 그 근거가 주역이었다. 국가의 중대한 문제를 해결하고자 점을 쳤더니 해괘(解卦)를 얻었다는 것이다.

"해괘는 소인을 없애면 군자가 와서 도울 것이라는 뜻이니 왕께선 주역의 괘를 살피시옵소서."

해괘의 해석대로라면 왕이 용녀와의 관계를 끊어버리면 나라가 안정된다는 말이다. 왕은 박원도의 말이 옳다고 여겨 용녀를 귀양보냈다.

흔히 고대 국가에서 여성은 어머니나 부인이나 딸로 존재한다. 용녀는 드물게도 우리나라 문헌에서 최초로 유배령이 내려진 여성이다. 그런데 기록에는 용녀가 유배를 당해야 할 정도로 정치적인 행동을 했는지 상세하게 나오지 않는다. 다만 용녀를 왕비로 삼고 그 무리에게 벼슬을 주자 나라가 소란스러웠다고 하는 것으로 보아, 용녀가 정쟁의 중심이었던 것 같다. 또 이를 증명하듯 용녀가 떠나자 나라가 평안해졌다고 전해진다.

어려운 문제를 만났을 때 의미부터 파악하라

그렇다면 이 이야기에 등장하는 해괘가 과연 뭘까? 해괘의 상을 보면 내괘는 겨울 얼음, 비, 물이고 외괘은 봄 우레다. 한마디로 봄이 되어야 우레가 있고 비가 오니 한기가 봄을 만나서 풀어지는 상이다. 경칩이 돼서 해동되니 만물이 땅 위로 올라왔다는 뜻이다. 또 해(解)를 풀어보면 칼을 가지고 소뿔을 해부한다는 의미로 '잘라서 나눈다'라는 뜻을 내포한다.

해부한다는 것은 속속들이 알게 되고 자세히 파악한다는 의미가 있다. 그래서 '이해된다'라고 할 때도 해(解)를 쓰고 '해소한다'라고 할 때도 같은 해(解)를 쓴다. 또 해에는 '녹는다'라는 의미, '풀어지고 흩어지다', '해방되고 해산되다'는 의미도 있다.

해괘의 상괘는 진괘이고 하괘는 감괘이다. 둘의 관계를 살펴보면 우레인 진괘는 위에서 지각변동을 일으키고, 물을 상징하는 감괘는 아래에서 이전투구를 하고 있다. 우레는 움직임을 뜻하고 물은 위험을 뜻한다. 이는 위기를 만나서 행동한다는 의미로 볼 수 있다.

한마디로 해괘는 어려운 문제를 만났을 때 해답을 찾는 과정이다. 비와 천둥이 함께하는 형상이니 언뜻 보기에 험난한 고생길이 연상되지만, 꼭 그렇지만은 않다. 한바탕 야단법석이 일어나고 나면 만물이 봄을 맞듯 희망이 찾아오기도 한다. 꽁꽁 얼었던 대지에 봄비가 내리고 생명이 충만한 새싹이 움트는 상황과 마찬가지이다.

해괘의 뜻을 잘 받드는 사람은 어려운 문제를 해결할 뿐만 아니라 성실함과 신뢰로 새로운 지지세력까지 얻을 수 있다. 그러므로 해괘를 끌어오기 전에 그 이중적인 의미부터 잘 해석해야 한다. 예를 들어서 부도나 파산 같은 어려움에 부닥쳤는데 해괘가 나왔다면 이제 어려움이 풀어지고 해결된다는 뜻이다. 반대로 어려움이 없고 모든 것이 잘 갖춰진 상태에서 해괘가 나오면 어려워지기 시작한다는 뜻이다.

문제를 받아들이면 풀지 못할 일이 없다

좌지왕의 경우도 그렇다. 왕비와 혼인까지 무사히 치르고 갖추어야 할 것은 다 갖춰진 상황에서 골치 아픈 문제가 발생한 셈이다. 왜 이런 일이 생긴 걸까? 역사학자들이 유추하기로는 용녀(傭女)의 한자를 보면 고용한 여성이라는 뜻이라서 어쩌면 왕비의 실제 이름이 아닐지도 모른다고 한다. 고용되어서 부리던 여성, 즉 신분이 낮은 사람이 왕의 눈에 들어서 왕비가 됐을 수도 있다. 그래서 그 측근이 관직을 차지한 게 문제가 된 게 아닐까 유추할 수 있다.

또 용녀로 인해서 나라가 시끄러운 틈을 타서 신라가 침략을 도모했다고 하니, 용녀가 신라에서 온 여성일 수도 있다고 본다. 용녀를 가야왕에게 보냄으로써 두 나라가 평화를 유지하기로 했는데 신라가 오히려 이 혼인을 정치적으로 이용하려고 하면서 문제가 된 게 아닐까? 이유야 어찌 됐든 왕비를 유배 보냄으로써 나라가 다시 안정됐으니 대신 박원도가 해괘를 제대로 해석한 셈이다.

이와 비슷한 맥락에서 계약의 체결이나 혼담이 있을 때 해괘가 나오면 흉조가 발생할 수 있으니 주의해야 한다. 이럴 때는 어려움에 대비한 해결책을 미리 세워야 한다. 반대로 복잡한 계약이나 체결로 문제를 겪고 있다면 의외로 해결될 가능성이 있으니 문서로 확실히 해두면 좋다. 예를 들어 소의 뿔을 뽑는 일은 단숨에 해야 효과가 높듯 물건을 사고파는 일은 시기를 놓치지 말고 신속히 해야 이득이 된다.

그런데 이 모든 노력에도 위기를 해결할 방법이 없을 수 있다. 이때 기억해야 할 원칙은 마음을 부드럽고 유연하게 풀어야 한다는 것이다. 우선 왜 나에게 문제가 생겼는지 원인부터 파악해 보라.

일단 누군가에게 중대한 문제가 생겼다는 것은 그 사람이 다른 이보다 중요하고 귀한 자리에 올라 있다는 뜻이다. 소인에게는 해결하기 어려운 문제, 중대한 문제가 생기지 않는다. 따라서 큰 문제가 생긴 것은 그만큼 중대한 책임과 권한이 있음을 생각하고 그 문제를 해결할 힘도 자신에게 있다고 믿어야 한다.

그런 다음에는 문제를 받아들이자. 문제가 일어난 상황을 무시하거나 부정하지 말라. 문제를 똑바로 직시해야만 문제를 바르게 해결할 수 있다. 그런 다음에는 강함과 유연함을 발휘해서 문제의 어려움을 하나씩 해소하라. 해결할 방법의 방향을 잡고 주변인들에게 도움을 청하라. 문제가 해결될 조짐이 보이거든 절대로 꾸물거리지 말고 과감하고 신속하게 정리하라. 이렇게 하면 풀지 못할 문제가 없다.

큰 문제에 부닥치면 처음에는 절대 풀리지 않을 것 같고 문제 풀기에만 급급하지만 올바르게 해소하면 주변 사람들에게 신임과 지지를 받고 장기적으로 이익이 되기도 한다. 《주역》에서 말하듯 우리 인생은 길함과 흉함이 끊임없이 순환하기 때문이다.

크게 생각하라

화천대유
火天大有

초구에는 대유(크게 가진)는 해로운 사귐이 없으면 허
물은 아니나 어렵게 하면 허물이 없느니라.

"부자니까 착한 거야."

"돈이 다리미야, 돈 있으면 주름살이 쫙 펴져."

가난 때문에 온 가족이 부자 가족에 기생해 살면서 벌어진 사건을 다룬 영화 「기생충」에 나온 대사다. 기생충 가족만큼 가난하지 않다고 해도 보통 사람이라면 누구나 한 번쯤 돈 때문에 씨름한 기억이 있을 것이다.

운명상담을 하면 만인의 관심사가 돈임을 알 수 있다. 언제쯤 돈을 벌지, 어디에 투자해야 성공할지, 지금 집을 사야 할지, 말아야 할지 궁금해서 역술인을 찾는다. 돈을 많이 벌고 싶은 이들의 소망은 이해하고도 남는다. 사람은 누구나 살면서 이루고 싶은 뜻이 있고 그러자면 돈이 필요하다. 고도의 자본주의 사회에서 돈이 없으면 온 가족이 부잣집에 기생해서 발버둥을 치다가 침수된 반지하 방으로 쫓겨났던 기생충 가족처럼 비참해지기 쉽다.

그런데 우리가 돌아봐야 할 게 있다. 목표를 이루기 위한 수단으로서의 돈이 너무 중요해서, 언젠가부터 돈이 수단이 아니라 삶의 목적 그 자체가 된 건 아닐까? 모두가 돈, 돈 하는 통에 범인들까지 일확천금을 꿈꾸게 된 건 아닌지 한 번쯤 생각해봐야 할 일이다. 과연 우리는 얼마를 가지면 만족할 수 있을까? 얼마나 가져야 이만하면 됐다고 할 수 있을까?

천하를 크게 향유하다

《주역》에서 대유(大有)괘는 '크게 소유한다', '크게 가진다', '많이 모인다'는 뜻이다. 괘의 형상을 보면 불을 상징하는 리(離)와 아래에는 하늘 건(乾)이 버티고 있다. 한마디로 불이 하늘 위에 있어 만천하를 비추는 형상이다.

하늘에 있는 불은 곧 태양이다. 태양은 만물에 에너지를 준다. 동식물은 그 에너지를 받아서 생명을 유지하고 만물이 저마다 자리에서 살아가므로 대유가 된다. 태양은 문명을 뜻하기도 한다. 따라서 대유란 천자가 도덕 문명으로 백성을 교화해서 천하를 크게 누린다는 뜻을 함축한다. 그 자체로 위대함을 상징하기도 한다.

화재천상대유, 군자이알악양선순천휴명
(火在天上大有, 君子以遏惡揚善順天休命)
'불(태양)이 하늘 위에 있으니 크고 크도다. 군자는 스스로 악을 멀리하고 선을 드러내며, 하늘의 뜻에 순종하고, 그 아름다운 뜻에 순응한다.'

그러므로 대유는 《주역》에서 최고의 괘다. 역경의 64개 괘 가운데 이보다 더 좋은 괘가 없다고 할 정도다. 황제의 괘이자 하늘 위의 태양, 최고의 자리에 앉는 사람, 길이 빛날 사람, 크나큰 포부를 가진 사람, 또는 그런 메시지로 해석된다.

그런데 이 대유괘가 전 국민이 다 알 정도로 유명해진 사건이 있었다. 작은 자산관리 회사인 화천대유가 천문학적인 횡재를 거듭했다고 전해지면서부터였다. 건국 이래 《주역》의 괘가 이렇게까지 화제가 된 일이 없었다. 그런데 왜 하필 회사 이름이 화천 대유일까? 일반인들은 생소한 용어에 호기심을 가졌고 또 유력 대선 주자와 전, 현직 지자체장의 이름이 거론되면서 세간의 관심을 한 몸에 받았다.

아마도 이 회사의 이름은 《주역》을 아는 이가 작명했으리라. 덕분에 《주역》이 온 국민에 회자되었는데 하필이면 이렇게 불미스러운 사건에 얽혀 전문가로서 반갑지 않다. 회사 이름으로 괘의 이름을 그대로 사용한 것도 놀라운데 그 의미마저 철저하게 왜곡됐기 때문이다.

이 회사를 세운 이들은 처음부터 괘를 잘못 읽었다. 대유가 최고의 괘라는 사실, 정조가 가장 좋아한 괘라는 단순한 사실만 알고 그 최고의 경지 속에 담긴 참뜻은 보지 못했다. 《주역》은 점을 치는 책이지만 그렇다고 해서 누가 돈을 얼마나 버는지, 어떻게 하면 권력을 잡는지 알려주는 얄팍한 점술서가 아니다. 세상의 기본 원리인 음양을 바탕으로 인간이 어떻게 살아야 하는지 길을 알려주고 삶의 지혜를 일러주는 동양사상의 핵심이 담긴 책이다.

그런데 간혹 《주역》의 뜻을 제대로 알지도 못하는 자들이 화천 대유의 괘가 나오면 돈을 많이 벌 것이라는 둥 대박이 터질 것이라는 둥 떠들어댄다. 그 옛날 왕과 선조들은 이 괘를 뽑으면 이토록 크게 모이는 하늘의 뜻이 무엇인지, 이 길한 징조를 어떻게 받

들지 고민하고 또 고민했다. 이것이 바로《주역》의 뜻을 아는 자
와 모르는 자의 차이이다.

가득 찬 것은 오래가지 못한다

화천대유만으로도 웃지 못할 일인데 자회사의 이름은 천하동
인이다. 64괘 중에 대유 못지않게 좋은 괘로 꼽히는 것이 '동인'
이다. 형상을 보면 상괘는 하늘을 상징하는 건괘, 하괘는 불을 상
징하는 이괘로 돼 있다. 불꽃이 위로 타올라서 하늘과 만나는 상
이다. 풀이하면 사사로운 욕심을 버리면 화사한 빛이 번져간다
고 할 수 있다. 사람과의 적극적인 사귐, 사람의 마음을 모아서
민심을 하나로 통일시키는 일을 의미한다. 그래서 군자는 이 괘
를 뽑으면 큰 뜻을 함께할 인재를 찾고 동지를 모은다고 했다.

만약에 사업을 시작하는 사람이라면 뜻을 같이할 동업자를 구
한다고 볼 수 있다. 또 불은 원래 하늘로 치솟기 때문에 모든 일
이 순조롭게 풀림을 암시한다. 화천대유의 자회사 이름이 천하
동인인 것은 우연이 아닐 것이다.

그런데 진정한 뜻을 알고 써야 한다. 대유는 '크게 가진다'라
는 뜻을 내포하지만 그렇다고 재물을 욕심껏 많이 가지고 탐욕

을 부리라는 뜻이 아니다. 대유는 하늘에 순응하는 큰 뜻을 상징한다. 또 《주역》은 어디까지나 '가득 찬 것은 오래가지 못한다'는 가르침이 핵심이다. 그 근거로 대유 다음에 오는 괘가 다름 아닌 겸괘다. 위에는 땅을 뜻하는 곤괘, 아래에는 산을 뜻하는 간괘의 상으로 이뤄진 겸괘는 '지산겸' 괘라고도 불린다. '산을 품으면서도 땅처럼 겸손하라'는 뜻이다.

게다가 《주역》은 음양이 상대적이고 수시로 변한다. 그래서 상징도 단순하지 않으며 같은 괘를 두고도 해석이 다양하다. 특히 괘를 보는 인간의 마음과 동기에 따라서 정반대 현상이 나타나기도 한다.

대유의 큰 뜻이 제대로 이루어져 성공하려면 하늘의 뜻에 따라야 한다. 귀한 자리에 오르는 자는 부드러운 힘과 유순한 성품을 갖추어야 한다. 또 무엇보다도 겸손해야 한다. 오만과 탐욕이 가득 찬 옹졸한 마음이 어떻게 하늘의 뜻을 품겠는가?

한평생 근검하라

다산은 긴 유배 생활로 가족과 떨어져 살았지만, 자녀 교육에 누구보다 열성적이었다. 그는 아이들과 떨어져 있는 탓에 아버지로서 응당 가르쳐야 할 도리를 가르치지 못하는 걸 크게 안타까워했다. 그래서 틈만 나면 편지를 써서 아이들을 가르쳤다. 한번은 다산이 유배지에서 친척에게 그의 자녀들이 웃으면서 지낸다는 이야기를 전해 들었다. 다산은 곧장 편지를 썼다.

'마음대로 웃고 행동하는 것을 어찌 나무랄 수 있으랴? 너희들도 평범한 사람이니 때로 마음대로 웃고 행동하는 것도 역시 자연스러운 일상이어야 한다. 그런 일 때문에 너희들을 생각할 때마다 슬프고 쓰라린 마음 견딜 수가 없구나.'

다산은 유배당한 죄인의 가족이 마음대로 웃고 행동해서는 안 된다는 말로 자녀를 설득했다. 이 일화만 봐도 다산은 자신이 공인이라는 의식이 투철했다. 또 자신뿐만 아니라 가족에게도 사회적인 책임과 마땅히 지켜야 할 규율이 있다고 가르쳤다. 공인이라는 이점을 이용해서 자식에게 특혜를 주지 못해서 안달인 요즘의 특권층과는 확연하게 다르다.

다산은 1810년에 아내의 다홍치마를 마름질하고 종이를 덧대서 하피첩을 만들었다. 하피첩의 서문에는 두 아들에게 선비가 가져야 할 마음가짐을 가르치고자 다음과 같이 썼다.

'부지런함(근, 勤)과 검소함(검, 儉). 두 글자는 좋은 밭이나 기름

진 땅보다 나은 것이니 한평생 써도 닳지 않을 것이다'

'공경의 마음을 곧게 세우고(경직, 敬直), 의리를 반듯하게 만들라(의방, 義方).'

다산의 두 아들은 아버지의 뜻대로 훌륭하게 장성했다. 큰아들 학연은 종7품 관직을 맡았고 둘째 아들 학유는 노랫말로 농업기술의 보급을 도모한 《농가월령가(農家月令歌)》를 썼다. 하피첩에 써서 보낸 아버지의 엄격한 가르침을 자녀들도 제대로 이해한 것 같다.

아리스토텔레스는 '인간이 완전할 때는 최고의 동물이지만 법과 정의를 이탈하면 가장 추악한 존재'라고 했다. 엄마 아빠 찬스가 공정하지 못하면 범죄로 이어진다. 이렇게 되면 부모는 물론이고 자식의 미래까지 회복 불능한 상태로 만들 수 있다.

우리 사회가 바람직한 방향으로 발전하려면 지금보다 더 투명해지고 경쟁에서는 공평해야 한다. 그런데 현실은 이를 따라가지 못한다. 고위 공직자의 가족들이 다산의 가르침처럼 지위에 상응하는 도덕적인 의무를 실천해야 한다. 그것은 건강한 사회를 만들기 위한 기본이다.

청렴은 천하의 장사다

"청렴은 천하의 큰 장사다. 욕심이 큰 사람은 반드시 청렴하려
한다. 사람이 청렴하지 못한 것은 그 지혜가 짧기 때문이다."

우리는 청렴하지 못한 사람이 욕심이 크다고 생각하는데, 다
산은 반대로 생각했다. 청렴한 사람은 욕심이 크기 때문에 처신
을 깨끗하게 한다고 봤다. 우리가 생각하듯 청렴하게 산다고 해
서 모든 욕심을 버리고 종교인처럼 수행하듯 살라는 뜻이 아니
다. 우리는 쉽게 눈에 보이는 물질적인 가치만을 따라 보이는 것
만을 추구하는데 우리가 진정으로 추구해야 할 것은 따로 있다.
다산은 우리가 크게 욕심내야 하는 것은 물질이 아니라 청렴이
라고 봤다.

　다산은 또 '의(義)란 선아(善我)요, 이(利)란 도취화(刀取禾)'라고
말했다. 이 말은 '착함이란 칼로서 벼를 베어내는 일이고 이익에
는 착취가 따른다'라고 해석할 수 있다. 오직 의로움만 추구해서
군자가 되는 착한 사람이 있고 이익만을 추구하다 소인으로 변
해서 악인이 되는 것이다.

　'아무리 작은 것이라도 이(利)라면 사양하고 하나의 착함이라도

부지런히 실천하여 확고부동한 선인이 되면 군자가 되는 것이다. 하지만 사람이 살아가는 것은 이(利)일 뿐이다.'

따라서 아무리 하찮은 이익도 사양하지 않고 계속 취하면 악행이 쌓여 소인이 되고 종국에는 악인이 된다. 애초에 의를 택하느냐 이를 택하느냐에 따라 선인과 악인으로 변한다고 결론을 내렸다.

"이리하여 도심은 없어지고 인심이 주인이 되며, 대체(大體, 본성)는 잃어버리고 소체(小體, 욕심)가 왕성해지니 이것이 이에 깨달은 데에서 초래한 결과이다."

그러나 다산의 이러한 주장과는 반대로 현대인은 '의'를 택하는 대인보다 이익을 취하는 소인이 되고자 한다. 불법적인 투기로 부자가 되어도 존경받기도 한다. '의'를 외면하고 이를 택하는 사람이 소인이다. 우리는 과연 작은 이익에 연연하지 않고, 대의에 당당한 대인이 될 수 있을까?

자리에서 물러날 때의 여섯 단계

다산의 《목민심서》에 나오는 해관육조(解官六條)는 리더가 자리에서 물러날 때 얻을 수 있는 교훈을 총 여섯 단계로 나누었다. 해관은 벼슬을 내어놓는다는 뜻이고, 해관육조는 수령이 벼슬에서 물러날 때의 태도와 그 뒤에 남길 치적에 관한 내용이다. 한마디로 해관의 상황에서 어떻게 대처해야 하는지를 조목조목 짚고 있는데 눈여겨볼 만한 대목이다.

해관의 첫째 단계는 체대(遞代)다. 리더의 교체를 말한다. 다산은 리더는 모름지기 직책에서 물러나는 상황에서는 의연해야 하며 자리에 연연하지 말라고 했다. 다음으로는 귀장(歸葬)이다. 돌아가는 행장을 뜻하며 리더는 비록 수척한 말을 타고 갈지라도 청렴한 모습으로 물러나야 한다고 충고한다.

"옷과 가재도구는 새로 마련한 것이 없어야 하며, 자기가 맡아 다스린 지역의 토산품을 지니고 있지 않아야 청렴한 선비의 행장이다."

다산은 올바른 귀장이 무엇인지에 관해서 이렇게 말했다.

셋째는 원류(願留)이며 백성들이 수령의 유임을 호소할 만큼 공적을 남기라는 뜻이다. 넷째, 걸유(乞宥)는 잘못에 대해 용서를 구한다는 뜻이고, 다섯째는 은졸(隱卒)이다. 은졸은 벼슬자리에 있는 동안 죽는 것을 말하는데 직무를 수행하는 과정에서 보면 리더십의 최고 경지다.

해관육조 중 마지막 여섯 번째는 유애(遺愛)이다. 지도자가 대중이나 국민의 마음속에 큰 사랑을 남기고 떠난다는 이 말은 《목민심서》에서 말하는 리더십의 최종 종착지이다. 밀운불우(密雲不雨)의 답답함을 알고 지혜와 겸허함으로 리더의 소임을 다하길 바란다.

살아갈 날들을 대비한다

뇌지예
雷地豫

준비한다는 것은 책임자를 세우고
스승이 올바른 가르침을 행함이 이로우니라.

역학을 긍정적으로 생각하는 사람조차 오해하는 부분이 있다. 바로 '운명은 타고나고 바꿀 수 없다'라는 점이다. 많은 사람이 힘든 일에 부딪히면 '아이고, 내 팔자야…', '팔자대로 살다 죽어야지'라고 생각한다. 한마디로 운명을 거역해서는 안 된다는 말이다.

그런데 여기서 한 가지 모순이 발생한다. 운명이 결정되어 있다면 사람들은 왜 그렇게 미래를 궁금해하는 걸까? 모두가 운명을 절대 바꿀 수 없다고 결론을 내렸으면 역학이나 운명상담은 이 세상에서 완전히 사라져도 이상할 게 없다. 그러나 사라지기는커녕 운명상담 시장이 나날이 커지고 있으니 모순이다.

예를 들어서 몇 초 사이로 태어난 쌍둥이는 태어난 연월일시가 같다. 이들은 똑같은 환경에서 성장하는데 그렇다고 같은 인생을 살지는 않는다. 직업과 성격이 다르고 삶의 방식 또한 다르다. 운명대로라면 쌍둥이의 운명은 똑같아야 하는 게 아닐까? 이처럼 사주팔자가 비슷하게 흘러가도 사람의 운명은 다르다.

역학의 원리를 통해서 미래의 길흉을 미리 알도록 하는 이유는 어떤 일에 대비할 수 있는 시간적인 여유와 준비를 하게 하기 위함이다. 또 추길피흉(길함을 따라가고 흉함은 피한다)의 방도를 마련하고 자기 분수 밖의 일을 탐내는 어리석은 짓을 하지 않도록 가르친다. 한마디로 어려움을 참고 견디는 삶의 지혜를 길러주는 것이다.

이렇게 보면 운명상담은 참으로 중요한 작업이 아닐 수 없다. 상담자에게 자신의 성격과 운명을 잘 알도록 하고 장점을 극대화하고 단점을 보완하라고 조언한다. 또 어떤 일에 대해 현명하게 대처하는 방법을 일러줄 수 있어서 보람된 일이 아닐 수 없다.

완벽한 운명은 없다

어느 날 상담실에 50대 부인이 아들의 사주를 들고 찾아왔다. 대체로 자식 사주를 꺼내놓는 사람은 자랑하기 마련이다. 부인 역시 아들을 향한 자부심이 대단했다. 그러나 한편으로는 초조한 기색도 엿보였다. 우수하고 아끼는 아들이지만 분명 아들로 인해서 말로 하지 못할 고민이 있어 보였다.

묵묵히 사주를 풀고 자세히 들여다보니 중고등학교 시절에 모범생이고 학생회장 등의 리더로 헌신적인 봉사를 했을 것으로 보였다. 우두머리 기질이 있어서 아이들이 그를 따르고 윗사람으로부터 인정도 받았다. 아들이 똑똑하다고 자랑하는 부인의 말은 거짓이 아니었다.

그는 식신 대운과 편관 대운이 초년을 받쳐주어 성적 걱정은 없었고 금수쌍청[金水雙淸, 사주에 금(金)과 수(水)가 있어 머리가 총명하고, '동양학 또는 종교학에 관심이 크다'는 뜻의 사주용어]의 사주로 종교, 동양철학, 의학 등에 재주가 뛰어나서 의사, 문인, 철학자 등이 어울릴 운명이었다. 그중에서도 인사신형살[寅巳申刑殺, 사주에 인(寅)과 사(巳)와 신(申)이 있으며 사람의 생명을 다루는 직업을 한다는 사주용어]이 강한데 이는 생명과 관련된 직업을 갖게 될 가능성이 높다는 것을 암시한다.

"장차 의사가 되겠군요. 지금 의대생인가요?"

부인은 깜짝 놀라면서 어떻게 알았냐고 되물었다.

"이성 문제가 있겠는데요."

"사실은 그 문제로 찾아왔어요, 선생님. 얘를 어떻게 하면 좋을까요?"

사주의 주인공은 정재와 편재의 기운이 강했다. 정재와 편재는 남성에게 여성을 뜻한다. 주변에 여성이 많이 모여들어 자칫 잘못하면 구설수와 추문에 휘말릴 위험이 있다. 그러나 여기서 주의할 것은 정재와 편재가 강하다고 해서 반드시 이성과 문제가 생기지는 않는다. 똑같이 정재, 편재의 기운이 많아도 어떤 사람은 이성 문제로 골치가 썩고 어떤 사람은 운명을 좋은 방향으로 이끌기도 한다.

이 경우에는 고작 스무 살 남짓한 학생이어서, 진로를 잘만 끌어주면 문제 될 일이 없을 듯했다. 이런 운명은 이성을 상대로 하는 직업을 가지면 이성이 많은 운명이 독이 아니라 득이 되기도 한다.

예를 들어서 정재, 편재가 강한 사람이 국회의원 선거에 나가면 그는 여성 유권자의 표를 상당히 많이 얻어서 유리하다. 실제로 국회의원 가운데 이런 사주를 가진 사람이 많다. 또 이런 운명을 가진 사람이 연예인이 되면 재능이 특출하지 못하더라도 웬

만큼 인기를 유지한다. 이성에게 어필하는 특별한 매력이 있기 때문이다. 이처럼 운명을 고려해서 삶의 방향을 선택하면 특별한 경우를 제외하고는 좋지 않은 운명도 충분히 극복할 수 있다.

"전공을 정할 때 산부인과를 선택하면 좋겠습니다. 가정도 안정되고 의사로서 성공할 수 있을 거예요. 대신에 지금도 여러 명과 사귀고 있으면 어머님이 크게 꾸짖어서 몸가짐을 바로잡도록 해주셔야 합니다."

부인은 고개를 크게 끄덕이고 상담실을 나갔다.

가끔 조언에 따라서 운명을 개척한 사람들에게 고맙다는 인사를 받을 때가 있다. 이 부인에게서도 전화가 왔는데 나의 조언대로 아들이 산부인과를 전공으로 선택했고 지금 아주 잘하고 있다고 했다. 원래 이 부인은 이성과의 문제가 우려돼서 아들을 비뇨기과에 보낼 생각이었다. 하지만 그랬다가는 성공할 가능성이 무척 저조하고 가정도 크게 흔들렸을 것이다.

평생 운명상담을 해온 전문가로서 확실하게 말할 수 있는 것은 제아무리 사주가 좋다고 해도 완벽한 운명이란 없다. 운명을 분석해보면 누구에게나 취약한 부분이 있는데 이때 이를 극복할 수 있는 결정과 선택이 매우 중요하다.

나는 운명상담을 통해서 혼자 선택하기 어려운 사람에게 조언하는데, 조언을 잘 따른 사람들 가운데 이야기 속의 부인처럼 고 마음을 전하는 전화가 자주 온다. 이런 전화를 받을 때마다 참으로 보람을 느낀다. 내 조언이 열심히 살아보려는 사람들에게 용기를 불어넣고 슬픔과 고통에 처한 사람들에게는 위로가 되기 때문이다.

길흉은 계속 순환한다

《주역》에도 '극복하다'는 뜻의 복괘(復卦)가 있다. 복괘의 상을 보면 맨 밑에 막대기 하나가 있고 그 위로 중간이 터진 막대기 다섯 개가 나란히 위로 쌓여 있다. 그 모양에서 보듯 꽉 찬 음(陰)을 뚫고 막 양(陽)이 자라기 시작한 형상이다.

지뢰복
地雷復

《주역》에서는 태양의 시작을 동지로 보고 동지의 괘를 복괘로 삼았다. 복(復)은 '돌아온다'라는 뜻으로 본래 상태로 회복됨을 의미한다. 이는 위에서 극에 달하면 아래로 돌아와 다시 생하는 역리(易理)에 근거한다. 동지는 천근(天根), 영어로는 윈터 솔스티스(winter solstice)라고 한다. 태양이 가장 남쪽에 가 있다가 다시 북으로 방향을 틀기 위해 잠시 정체되는 극점을 뜻한다. 1년 중에 낮이 가장 짧다가 이 시점을 지나면 다시 길어진다. 극에 달했다가 다시 생하는 것이다. 나무 열매 속에 들어 있던 씨앗이 땅에 떨어지고 새로운 생명을 틔우기 시작한다. 이렇게 되살아난 양은 다음 해 6월 하지가 되면 그 기가 한껏 솟구친다. 이 점을 지나면 다시 음의 세계에 자리를 내주기 시작한다. 음과 양이 끊임없이 순환하는 것이다.

살다 보면 '나에게 왜 이런 일이…' 라는 탄식이 절로 나올 정도로 고통스러울 때가 있다. 근래에는 코로나 대유행으로 많은 이들이 절망에 빠졌다. 하지만 이럴 때일수록 길흉이 순환하는 우주의 원리를 믿어야 한다. 극복하지 못할 절망은 없고 영원한 시련도 없다.

꿈에서 본 복괘

다산은 경상도 장기에 귀양을 갔다가 신유사옥(1801년, 신유년에 있었던 천주교 박해 사건)으로 서울로 끌려간다. 그때 그는 꿈을 꾸었는데 꿈에서 준(屯)괘가 복괘로 변했다. 꿈을 꾸고 다산은 이 시(몽

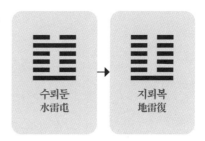

수뢰둔
水雷屯

지뢰복
地雷復

득둔지복, 요제일시 夢得屯之復, 聊題一詩)를 쓴다.

계림 북부인 여기에 붙여 사니
내 고향 하수와 초산은 조령 서쪽에 있네.
대추 익을 때 바람소리 서걱대고
제비 가고 나자 날씨 제법 쌀랑하다.
병에 해가 될까봐 책은 흘려 보고
화기 상할까봐 시도 자주 짓지 않는다.
꿈속에 운뢰의 구오가 동했다만
옛 점술가 첨윤이 없으니 누굴 만나 점치랴.

준괘의 괘사는 '준은 크게 형통하고 올곧음이 이로우니, 갈 바 (목표)를 두지 말고 후를 세움이 이롭다'라는 뜻이다. 준괘의 효 가 변해서 이루어진 복괘는 '복은 형통하여 나가고 들어옴에 병 이 없어서 벗이 와야 허물이 없으리라. 그 도를 반복하여 7일 만

구오
九五

에 와서 회복하니, 가는 바를 둠이 이롭다'라 는 뜻으로 괘사만 보면 앞날은 길할 것 같다.
하지만 본괘에서 변한 효가 하나이면 그 효 사를 점사로 삼아야 한다. 준괘의 구오 효사에 서 다섯 번째 칸을 보면 '구오는 은택에서 베

풀기가 어려우니, 조금씩 바로잡으면 길하고 크게 바로잡으면 흉하리라'라는 뜻이다. 이 준괘에는 머문다는 뜻이 있다. '잠시 머무는 일은 쉽고 고택에서 오래 머무는 일은 어려우니 잠시 하는 일은 길하나 오래 또는 크게 하는 일은 흉하니라.' 다산은 꿈의 주역점대로 경상도 장기에서 서울로 잠시 갔다가 다시 전라도 강진으로 귀양을 떠난다.

정약용은 이날 꿈에서의 점복이 불길하다는 것을 알고 있었다. 그러면서도 한편으로는 복괘를 보았으므로 실낱같은 희망을 품었다.

시련을 극복하고 일어서는 힘

또 다산의 삶을 들여다보면 그는 회복하는 기운이 강한 운명을 타고났다. 다산은 1776년 15세 때 결혼한 지 얼마 되지 않아서 홍역에 걸렸다. 한 달 동안 병을 앓다가 이헌길(조선 후기의 의학자)의 치료를 받아 홍역을 이겨냈다. 이 일은 그의 삶에 많은 영향을 미쳤다.

다산은 이후에 6남 3녀를 낳았는데 4남 2녀가 세상을 떠났다. 그 일을 두고 다산은 이렇게 말했다.

"죽은 애들이 산 애들의 두 배이다. 아아, 내가 하늘에 죄를 지어 잔혹함이 이와 같으니, 어찌할 것인가… 나는 죽는 것이 사는 것보다 나은데 살아 있고, 너는 사는 것이 죽는 것보다 나은데 죽었으니, 이것은 내가 어찌할 수 없다."

아버지로서 자식을 잃는 것만큼 고통스러운 비극이 또 있을까? 특히 다산의 막내는 네 살 무렵 천연두로 죽었다. 그 옛날 전염병에 걸려서 약 한번 써보지 못하고 죽는 사람이 한둘이 아니었지만, 다산은 홍역과 천연두를 치료해보겠다고 마음먹었다. 그는 질병 치료에 초자연적이고 자연주의적인 생각으로 접근하는 것을 비판했다.

그는 무당을 불러서 기도하거나 뱀을 먹으면 전염병이 낫는다는 소문은 거짓이라고 주장했다. 또 진맥으로 오장육부의 상태를 알아낸다는 주장은 마치 한강 물을 떠서 어느 지류의 물이라고 하는 것 같다고 비판했다. 그래서 근대적인 방식으로 전염병을 치료하는 방법을 연구하기 시작했다.

이러한 다산의 노력은 놀랍게도 1792년에 홍역과 천연두를 치료하는 의서 《마과회통(麻科會通)》으로 열매를 맺었다. 이 책은 우두 접종에 관한 지식을 담고 있다. 접종 방법과 부위, 금기, 기구 등을 설명한다. 다산은 책의 서문에 이렇게 썼다.

내가 이미 이몽수(李蒙叟)로 말미암아 살아났기 때문에 마음속으로 그 은혜를 갚고자 하였으나 어떻게 할 만한 일이 없었다. 이리하여 몽수(蒙叟)의 책을 가져다가 그 근원을 찾고 그 근본을 탐구한 다음, 중국의 마진에 관한 책 수십 종을 얻어서 이리저리 찾아내어 조례(條例)를 자세히 갖추었다.

_다산 시문집 제13권

그러나 안타깝게도 다산의 우두법은 조선 사회에서 널리 읽히지 못했다. 시대를 앞서가도 너무 앞서갔기 때문이 아닌가 짐작된다. 다산은 1801년에 40세가 되었을 때도 의학서를 썼다. 이때 형인 정약종이 천주교 관련 서적과 문서 등을 옮기다가 한성부에 발각되는 책롱 사건이 발생했는데 이 사건은 전형적인 정치 공작이라고 할 수 있다.

다산은 둘째 형 정약전과 함께 체포되어 형은 신지도로 다산은 장기로 유배를 갔는데 여기서도 백성들이 전염병으로 죽어가는 상황을 지켜봤다. 이때 병을 고쳐보고자 저술한 책이 바로 《촌병혹치(村病或治)》이다. 다산은 자식들이 보낸 의서 수십 권과 약초 한 상자를 바탕으로 책과 약을 처방하여 죽어가는 백성들을 구하고자 백방으로 뛰었다.

《촌병혹치》 서문에는 다산이 이 책을 쓰게 된 계기를 설명한다. 그가 유배당한 장기에서 지금의 숙박업소를 운영하는 집의 아들이 다산에게 이렇게 말했다.

"장기에서는 병이 들면 무당을 시켜 푸닥거리만 하고, 그래도 효험이 없으면 뱀을 먹고, 뱀을 먹어도 효험이 없으면 체념하고 죽어갈 뿐입니다. 공은 어찌하여 공이 보신 의서로 이 궁벽한 고장에 은혜를 베풀지 않습니까."

그 말을 들은 다산은 이렇게 대답했다.

"좋다. 내가 네 말을 따라 의서를 만들고 병에 걸린 이들을 돕겠다."

다산이 전염병 연구에 몰두하며 의서를 쓰던 무렵 영국에서는 에드워드 제너가 우두 접종에 성공했다. 2년 후에 제너는 백신이라는 이름을 세상에 처음 알리는 논문을 발표했다. 우리나라에서 최초의 우두 접종이 이뤄진 때는 이 무렵으로부터 60년이 지난 뒤이다.

동양의 의술은 서양과 비교하면 한참 뒤처져 있다고 생각하지만, 다산은 일찌감치 근대 의술이라 불릴 만한 기술을 개발하고 책을 남겼다. 다산이 유배 중인 죄인이 아니라 조정에서 큰일을 맡고 있었다면 조선의 의술도 그만큼 크게 발전하지 않았을까? 도움을 주어서 사람들을 회복시키려고 하던 다산의 큰 뜻이 세상에 알려지지 못한 게 너무나 원통하다.

규(睽) 작은 그릇은 작은 일에 어울린다.

구(姤) 강압으로 하면 일을 그르친다.

진(震) 당장은 두려워도 끝은 알 수 없다.

풍(豊) 정성을 다해야 풍요롭다.

손(巽) 공손하면 형통한다.

절(節) 절제는 고통스러우나 통한다.

수(需) 기다림에도 노력이 필요하다.

비(比) 순수한 마음으로 도와야 길하다.

수(隨) 대세에 따르면 허물이 없다.

임(臨) 임시가 너무 길면 흉하다.

비(賁) 꾸미면 작은 이익만 따른다.

박(剝) 덜어냄에 있어서 욕망은 금물이다.

3 장

살아갈 인생의 이치를 깨닫는다는 것

: 어제와 다른 내일을 만들고 싶을 때 괘를 알면 세상이 보인다

위를 덜어내고 아래에 보태라

풍뢰익
風雷益

이익이란 목표를 두는 것이 이로우며
큰 목표를 이루기 위해 노력하는 것이 이로우니라.

손괘의 개념은 단순히 '아래를 덜어서 위를 보탠다'에서 그치지 않고 익괘의 개념으로 이어진다. 익은 손과 반대로 위를 덜어 아래에 보탠다. 즉 부와 권력을 가진 고위층(현대에는 국가)의 윗사람이(현대에는 국민) 자신의 것을 덜어서 나눔으로써 채운다는 뜻이다. 이에 백성이 기뻐하고 그 도가 크게 빛난다. 다산이 주역을 읽을 때도 손익괘에 이르러 말하기를 손괘와 익괘야말로 바로 왕의 일이라고 했다.

깍깍대는 까막까치 나무 끝을 맴돌고
시커먼 구렁이가 둥지로 기어들 때
어디선가 목 긴 새가 끼룩대며 날아와서
성난 호랑이처럼 머리통을 쪼아대면
이 또한 얼마나 통쾌할까.

다산의 시에는 뱀이 자주 등장한다. 이 시의 제목도 '뱀을 쳐서 죽여야 한다'는 뜻의 〈격사해(擊蛇解)〉이다. 시에 등장하는 구렁이는 단순히 동물을 의미하지 않는다. 뱀은 탐욕스럽게 백성의 고혈을 탐하는 부패 관리를 상징한다. 구렁이에 쫓겨서 깍깍대는 까막까치는 보호받아야 할 백성이다. 목이 긴 새는 탐관오리를 처단하는 암행어사, 즉 공권력을 가진 공직자이다. 뱀의 횡포를 보다 못한 다산은 정원을 관리하는 자에게 명령했다.

"이 추악한 미물이 번성하여 나의 정자와 연못을 더럽히고, 정원을 어지럽힌다. 그 독에 쏘이면 온갖 약을 써도 그만 생명을 잃는다. 한번 물리면 상처를 잘라내야 한다. 마땅히 끊어야 할 것을 끊지 않아서 도리어 화를 입게 된다. 지금부터는 뱀을 모두 죽이고 놓아주지 말라."

토지공개념의 창시자

다산은 위를 덜어서 아래에 나눠주진 못할망정, 아랫사람의 소유물을 빼앗고 횡포를 일삼는 윗사람을 비판하기에 주저하지 않았다. 뱀을 죽이듯 부패한 관리를 죽여야 나라가 바로 선다고 믿었다.

다산은 부유층이 토지를 독점하는 것도 옳지 않다고 주장했다. 다산이 살던 시대에도 토지는 극소수의 부유층이 소유했다. 대다수 농민은 영세한 토지 소유자이거나 소작농이었다. 이에 다산은 일부 부자만 땅을 소유하는 현실을 비판하고 토지제도 개혁에 앞장섰다.

개혁을 감행해서 부자의 것을 덜어내고 그 부를 가난한 자에게 골고루 분배해야 한다는 게 다산의 주장이었다. 조선은 농업국가였고 토지만큼 중요한 것은 없었다. 그러므로 토지가 농민의 소유가 아니라 일부 부자의 소유인 걸 매우 불합리하다고 본 것이다.

다산의 철학은 토지는 농민의 소유여야 하고, 농산물은 직접 생산에 종사한 사람들의 것이어야 한다는 원칙을 내세운다. 그는 이 믿음에 따라서 《경세유표》라는 제목의 국정개혁서를 썼다. 이 책을 통해 수백 년을 앞서 토지공개념을 지지했다.

다산은 경자유전(농사짓는 사람이 땅을 가진다는 원칙)에 따라서 공동 경작, 공동 분배를 주장했다. 또 한 사람이 토지를 지나치게 많이 갖는 것을 제한해야 한다고 말했다.

"국가가 사회적 약자를 보호하고 공익을 위해 토지제도를 개혁해야 한다. 그러자면 토지의 공개념을 확대해야 한다."

지금과 마찬가지로 조선 시대에도 양극화 현상이 두드러졌다. 예나 지금이나 부동산이 문제인 것이다. 부동산을 소유하느냐 못하느냐에 따른 빈부격차는 조선 시대에도 커다란 사회문제였다. 그때도 지금처럼 양극화가 더욱 심했다. 이미 200년 전부터 토지(부동산) 보유 제도 개선에 따른 빈부격차 해소는 다산의 줄기찬 신념이었다.

나누는 데 머뭇거리지 말라

다산은 덕이 곧 나눔이라고 믿었다. 그는 덕을 '나의 곧은 마음을 실천하는 것(행오직지심, 行吾直之心)'으로 정의했다. 나누고 돕는 행위야말로 인간의 어떤 모습보다 이상적이라고 여겼다. 다산뿐만 아니라 공자도 진정한 덕을 갖춘 사람에게는 그를 따르는 사람들이 있다고 힘주어 말했다. 그러니 베풀고 나누는 데 머뭇거리지 말라고 당부했다.

　그런데 오늘날 우리의 삶은 어떠한가. 기쁨과 슬픔, 행복과 불행이 모두 소유에 달려 있다. 많이 가진 사람도 더 갖지 못해서 안달이고 갖지 못한 사람은 가진 게 없어서 불행하다. 특히 다산이 주장했던 토지공개념, '한 사람이 토지를 지나치게 많이 갖는 걸 제한해야 한다'는 주장은 힘을 받지 못한다. 모두가 부동산 신화를 신봉하며 토지와 건물이 불로소득의 상징으로 떠올랐고 건물주가 되는 게 꿈이라고 말하는 세상이다.

　사회 지도층부터가 이런 풍조를 만드는 데 앞장서고 있다. 《주역》의 손괘가 뜻하는 대로 한 사람이 많은 걸 갖는 현상을 경계하거나 나눔에 정성을 다하자고 주장하는 이가 자취를 감추었다.

　반면에 다산 정약용은 두 아들에게 재물에 관해서 이렇게 가르쳤다. 다산의 가르침을 떠올리며 오늘날 우리가 공유하는 가치관을 부끄러워하고 돌아봐야 할 일이다.

"세간의 의식(衣食)이나 재화는 모두 부질없는 것이다. 옷은 입으면 해지게 마련이고, 음식은 먹으면 썩기 마련이다. 재물을 자손에게 전해줘도 끝내는 탕진해 흩어지고 만다. 다만 가난한 친척이나 벗에게 나눠주는 것은 영구히 없어지지 않는다.

(중략)

재화를 비밀리에 숨겨두는 방법으로 남에게 베푸는 것보다 더
좋은 것은 없다. 도둑에게 빼앗길 염려도 없고, 불에 타버릴 걱정
도 없고, 소나 말이 운반해야 할 수고로움도 없이 자기가 죽은 뒤
까지 갖고 가서 천년이 다하도록 꽃다운 명성을 전할 수 있으니,
세상에 이보다 더 큰 이익이 있겠느냐? 재물은 더욱 단단하게 붙
잡으려 하면 더욱 미끄럽게 빠져나가는 것이니 재물이야말로 미
꾸라지 같은 것이다."

사람과 자연이 조화로운 곳이 명당이다

수풍정
水風井

우물(공동체)은 마을은 바뀌어도 우물은 바뀌지 않으니
잃음도 없고 얻음도 없으며 오고 가는데 마시고 또 마신다.
거의 이르러 또 우물에 닿지 못해도 두레박을 깨면 흉하니라.

풍수란 무엇인가? 풍은 바람이고 수는 물이다. 즉 바람과 물을
가리킨다. 바람이란 곧 공기를 뜻함이니 한마디로 말해서 공기
와 물에 관한 학문이 풍수지리학이다.

상식적으로 볼 때 풍수학이 기본적으로 사람이 잘 살 수 있는
땅과 집을 찾는 학문이고 공기 좋고 물 좋은 곳이야말로 사람이
잘 살 수 있는 곳이 아니겠는가? 그러니 사람 살기에 적합한 온
화한 기후, 습도, 풍향과 풍속, 태양의 광선과 달과 별빛을 고루

갖춘 곳을 찾기 위한 것이 풍수의 목적이다.

소위 말하는 명당이라 불리는 곳도 좋은 물과 공기가 존재하는 곳이다. 물이 맑고 정갈하며 공기가 깨끗하고 온화한 곳을 찾기 위함인 것이다. 풍수지리학이 역사 속에서 전해 내려오면서 기학, 또는 방위학으로만 여겨지는 감이 있지만 쉽게 말해서 좋은 환경을 찾으려는 학문으로 이해하면 된다.

사람이 살아가는 데 필요한 여러 가지 요소가 있는데 그중 으뜸은 바람, 즉 공기이다. 고대 그리스의 철학자들 사이에서는 우주가 무엇으로 이루어져 있느냐는 주제로 논쟁이 있었다. 누군가는 물과 불이라고 하고 누군가는 불과 공기라고 주장했다. 이 모든 게 사실상 세상에서 꼭 필요한 요소를 뽑는 과정에서 나온 주장이니까 풍수의 연원이 깊다고 볼 수 있다.

바람은 사람에게만 필수적일 뿐만 아니라 사람의 환경을 규정하는 여러 요소와 연관이 깊다. 살기에 알맞은 장소, 온화한 기후, 토양, 대기, 태양광, 달빛, 별빛이 모두 공기와 무관하지 않다. 바로 이러한 요소를 골고루 갖춘 곳을 찾는 학문이 풍수이다.

동시에 풍수는 사람이 살아가는 데 필요한 물을 찾는 학문이다. 물은 모든 생물체를 유지시키는 근본 요소인 까닭에 물이 없는 곳에는 무엇도 살아남지 못한다. 사람과 우주가 모두 물로 이뤄져 있고 그만큼 물의 중요성이 크다. 지상의 물은 곧 공기를 순

환시키고 온도와 습도를 조절하여 생물이 사는 데 좋은 환경을
만들어준다.

이처럼 풍수지리학이 깨끗한 바람과 맑은 물을 찾고 지키기
위한 것이라고 할 때 우리는 수백 수천 년 전부터 환경의 가치를
알고 우리만의 환경학을 발전시킨 셈이다.

명당은 어디일까

환경은 지금 세계적인 관심사로 떠올랐다. 문화권과 국민 소
득과 관계없이, 환경에 관한 문제가 전 지구적인 과제가 된 셈이
다. 물질을 추구하는 산업화의 영향으로 지금 인류가 가장 심각
하게 받아들여야 할 문제가 환경 문제이기 때문이다.

환경 문제는 크게 보면 공기와 물의 오염 문제이다. 물과 공기,
이 두 가지는 인간에게 가장 귀하고 중대한 필수품인데 산업화
가 급속도로 이루어지면서 물과 공기를 너무 많이 망가뜨렸다.
우주와 왕래할 정도로 과학이 발전하고 인공지능이 대중화된다
고 해도 인간은 물과 공기 없이 생존할 수 없다.

결국 지금의 환경운동은 물과 공기를 되살리는 목적이 있다.
이는 풍수지리학의 목적과 일치한다. 서양에서 환경학과 환경운

동이 일어나자 우리는 이를 모두 서양의 것으로 생각하는데 몹시 안타까운 일이 아닐 수 없다. 수백 년 전부터 우리 조상이 좋은 물과 공기를 찾고 지키려고 애썼음을 알고 자부심을 느껴야 한다.

지금처럼 무절제한 개발과 자원 소비를 지속하면 물과 공기는 갈수록 망가지고 좋은 땅, 좋은 집터도 모두 사라질 것이다. 지금까지 명당으로 알려진 곳도 오염으로 인해서 그 기운이 쇠한 곳이 많다.

환경을 오염시키는 데 앞장선 사람이 돈 좀 벌었다고 명당을 찾아달라고 조르는 모습을 보면 한심하다. 환경을 지키는 일이 곧 좋은 땅을 지키는 일이고 풍수지리학의 정통성을 이어가는 방도이기 때문이다.

그러면 풍수는 언제부터 생겨났을까. 풍수의 기원은 약 3000년 전 중국의 주(周) 왕조로 거슬러 올라가《주역》과 만난다.《주역》에 수풍정(水風井)이라는 괘(卦)가 있는데 이 괘가 바로 풍수의 어원이다. 수풍정의 맑은 물(水)과 깨끗한 공기(風)가 바로 풍수가 된 것이다.

고대부터 동서고금을 막론하고 마을은 물줄기를 따라서 생겨났다. 마을을 만들 때 가장 먼저 하는 일도 우물 파기이다. 우물은 단순히 물을 제공하는 시설을 넘어서 마을이라는 하나의 생태가 생존하는 데 중심이 된다. 가장 먼저 우물을 파고 우물을 중심으로 길을 내고 길을 따라서 집이 들어오고 농지 정리도 이뤄진다.

그래서 마을을 정비하거나 요즘 쓰는 말로 재개발, 리모델링 할 때조차 우물의 위치는 바꾸지 않는다. 마을의 기준인 우물의 위치를 바꾸면 마을이라는 생태계의 균형이 깨지기 때문이다. 이렇게 주나라 때부터 우물의 위치를 결정하는 게 중요했고 이 위치를 정하는 학문이 풍수로 발전했다.

물이 넘치지 않게 계속 흘러들면 사람이 모인다

그러면 다시 정괘로 돌아가 보자. 정괘는 곤괘 다음에 오는데 곤괘(困卦)는 물이 말라서 고뇌하고 어려워하는 괘이지만 정괘는 곤을 거꾸로 놓은 형상이다. 내포하는 뜻이 곤과 반대인데 물을 얻어서 기쁘다. 정괘의 우물은 공동체의 필수조건이다. 이에 우물의 덕성을 칭찬하고 물의 실용성을 강조한다.

정, 개읍불개정 무상무득 왕래정정 흘지역미율정 이기병 흉
(井, 改邑不改井 无喪无得 往來井井 汔至亦未繘井 羸其瓶 [凶])

'정은 우물공동체이다. 읍은 옮길 수 있어도 우물은 옮길 수 없다. 우물물은 퍼도 줄지 않고 물이 샘솟아 쉼 없이 흘러들어도 넘치지 않으니 오가는 모든 사람이 끊임없이 그 우물을 사용할 수 있다. 물을 길을 때 두레박이 우물 입구를 거의 빠져나올 즈음 뒤집혀 두레박이 깨지면 흉하다'

우물 때문에 마을을 옮겨도 마을 때문에 우물을 옮길 수는 없다는 '개읍불개정(改邑不改井)'이 등장한다. 무상무득(无喪无得)은 우물은 마르는 일이 없고 넘치지 않아서 누구나 차별 없이 쓸 수 있다는 물의 덕성을 표현한 말이다. 마지막 '흘지역미율정 이기병 흉(汔至亦未繘井 羸其瓶 凶)'은 아무리 우물의 물이 실용적이어도 두레박줄이 우물에 거의 이르면서도 닿지 못한 것은 그 두레박이 깨져 흉하기 때문이니 두레박이 깨지는 것을 경계해야 한다.

자연에 감사하는 마음으로 살아라

중감수
重坎水

물이 넘치고 넘쳐 물구덩이(함정)에 빠지고 빠지더라도
오직 마음에 집중하여 나아가면 존경받음이 있느니라.

다산은 물 근처에서 태어났다. 1762년 2월 남한강과 북한강이
하나 되는 곳, 경기도 남양주 두물머리의 쇠내(지금의 마재)가 고
향이다. 그가 15세에 결혼해서 서울로 오기 전까지 한강은 그의
삶에서 전부였다. 다산의 4형제 모두가 한강에서 큰 꿈을 키웠다
고 한다.

한강은 다산에게 정신적인 도피처이자 휴식처였다. 한강에서
서학(西學)을 토론하고 벼슬에 올라 격무에 시달리면 한강을 찾

아서 머리를 식혔다. 1797년 5월 단오에 무작정 근무지를 벗어
난 다산은 마재에서 세 형과 함께 마음을 다스렸다.

이후 유배지로 떠난 다산에게 한강은 그리움의 대상이었다.
소동파가 유배지에서 고향을 그리워하며 그렸던 〈아미도(峨嵋
圖)〉를 본떠서 다산은 쇠내를 그림에 담았다.

"나도 지금 그림으로라도 쇠내를 보고픈데 이곳에는 화가가
없으니 누구에게 부탁할거나."

그림에는 화가처럼 능숙하지 못했던 다산이 몇 번의 실패 끝
에 고향 마을을 그렸고 그 그림을 머무는 집에 걸어두고 보았다
고 한다. 그렇게 가족과 고향을 향한 그리움을 달랬다.

푸른 산에 둘러 철마(鐵馬)가 서 있고

깎아지른 절벽 앞 왜가리 날아가며 (동쪽에 쌍부암(雙鳧巖)이 있음)

남자주(藍子洲) 가에는 향기로운 풀 푸르고

석호정(石湖亭) 북쪽에는 맑은 모래 깔려 있네.

바람맞은 돛배는 필탄(筆灘)을 지나는 듯

나루에 댄 배는 귀음(龜陰)으로 가는 듯

검단산(黔丹山)은 반쯤 구름에 들어 아득하고

백병봉(白屛峰)은 멀리 지는 해에 홀로 솟아 있네.

하늘 아래 높은 산에는 절집 보이니

수종사(水鍾寺)와 잘 어울린다네.

소나무·회나무 덮인 문은 우리 정자(망하정, 望荷亭)이고

배꽃 한껏 핀 정원은 우리 집이네.

다산은 15세가 되기 전에 고향 마을 마재에서 어떤 꿈을 꾸었을까. 그는 넉넉하지 않아도 끼니 걱정 없이, 흘러가는 강물처럼 살고 싶어 했다. 한강에서 고기를 잡는 어부들처럼 두 자식을 데리고 소년 노릇, 동자 노릇 하나씩 맡겨 사는 것이 꿈이었다.

다산은 유배 중에도 고향으로 돌아가면 효도와 우애를 근본에 두고 주례(周禮)를 바탕으로 한 유교 경전, 역사, 병법, 농업 등을 아이들에게 알려주고 싶어 했다. 〈두 아들에게 주는 편지〉에서 '고향의 터전을 보존하지 못하면 나라를 잃는 것과 같다'고 하면서 아들들에게 고향을 지켜야 한다고 강조했다.

인생 후반전의 꿈이 흐르던 한강에서

1818년 9월, 다산은 자그마치 18년 만에 50대 후반의 나이로 고향에 돌아왔다. 다산은 마재에서 환갑을 맞고 생을 마치기까지 18년을 더 살았다. 그는 북한강과 남한강이 합쳐지는 풍경을

보며 계속해서 학문에 몰두했다고 한다. 그러나 다산의 삶은 유배 중에 집필한 저작 위주로만 알려지고 유배에서 풀려나 고향에 돌아온 뒤로 어떤 삶을 살았는지 행적을 연구한 이가 그리 많지 않다.

알려진 바로는 다산이 없는 중에도 가족을 이끌어준 늙은 아내를 향한 애틋한 마음을 표하고 어린 손자와 어린 종을 이끌고 여울에서 고기를 잡았다고 한다. 인간적이고 다정다감한 다산의 성격이 여기서도 드러난다.

또 다산은 매우 실용적인 입장에서 고향을 바라보고 연구하기도 했다. 그가 연구한 중농사상의 흔적이 지금도 남양주 곳곳에 남아 있다. 농업과 상업을 장려해서 민중이 부를 축적해야 한다고 주장하고 그 이상을 이루고자 와부읍 구선동에 뽕나무밭을 만들었다. 근처 검단산의 백아곡에도 두 아들과 함께 작설차와 인삼 같은 비싸고 상업적인 작물을 키우면서 여러 실험을 해본 현장이 있다.

다산은 고향 마을이라는 생태를 한없이 귀하게 여기는 생태주의자였으나 그의 꿈은 이상이 아니라 실용에 기초하고 있었다. 그는 진심으로 고향 마을을 사랑했고 그곳에 사는 사람들을 아끼며 자연에 감사할 줄 알았다.

그 예로 다산은 노년에 한강에 사는 사람이라는 뜻의 열수(洌

水)를 호로 삼았다. 물가에 살면서 불편할 때도 끝까지 고향을 지켰다. 다산은 '한곳에 머물지 못하고 옮겨 다니며 남에게 붙어사는 것은 나라를 잃은 것과 같다'고 말했다. 오늘날처럼 땅을 투기의 대상으로 보고 경치 좋은 곳이 있으면 허물어서 관광지로 만들려는 사람들로서는 상상도 할 수 없는 마음이 아닐 수 없다.

과감하게 행동하여 주저함이 없어라

택화혁
澤火革

혁명이란 확장하고 발전시켜 나가면 흉하고
바르게 해도 위태로우니 현재의 잘못된 것을 고친다는 말이 세 번 나올 정도로
변화의 욕구가 강력해야 믿음이 있으리라.

다산의 형제들은 약현, 약전, 약종으로 총 4형제이다. 이 중에서 가장 많이 회고되는 이는 당연히 다산이지만 최근에는 그의형 정약전도 주목받고 있다. 다산과 정약전은 유배를 당해서 각기 강진과 흑산도로 떠났다. 이들은 유배 중에 민중의 삶을 가까이 지켜보면서 부패한 국가에서 사는 백성의 고통을 실감한다.

다산은 그의 시 〈애절양(哀絶陽)〉에서 백성의 피를 빨아먹는 탐관오리의 사회를 비판했다. 이 시에는 민중의 밑바닥 삶을 목도

한 다산의 충격과 분노가 그대로 전해진다.

노전 마을 젊은 아낙 울음소리 그치지 않네.
관아 향해 슬피 울며 하늘에 호소하네.
남정네 전장에 나가 못 오는 일 있다지만
남자 성기 잘랐단 말 자고로 못 들었네.

시아비 상복 막 벗고, 태어난 아기는 탯줄도 마르지 않았는데
삼대의 이름이 다 군보(軍保)에 실리다니
달려가 호소해도 범 같은 문지기 가로막고
이정은 호통치며 외양간 소까지 몰아가네.
칼 갈아 방에 들더니 선혈이 낭자해라. 스스로 부르짖길,
"아이 낳은 죄로구나!".

누에 치던 방에서 불알 까는 형벌도 억울한데
민나라 자식의 거세도 진실로 또한 슬픈 것이거늘
자식 낳고 사는 건 하늘이 주신 이치여서
하늘 닮아 아들 되고 땅 닮아 딸이 되지
말 돼지 거세하는 것도 가엾다 이르는데
대 이어갈 생민들이야 말을 더해 무엇하리요.

부호들은 일 년 내내 풍류나 즐기면서
쌀 한 톨 비단 한 치 바치는 일 없거늘
다 같은 백성인데 왜 이리 차별일까.
객창에서 거듭거듭 '시구편'을 읊조리네.

이 시는 다산 정약용이 1803년 근처 마을에 사는 어느 백성이
자신의 성기를 절단한 것을 슬퍼하며 지은 시이다. 갈밭에 사는
백성이 아기를 낳은 지 사흘 만에 군적에 편입되고 소를 약탈해
가니 그가 자신의 음경을 스스로 베었다. 아내가 음경을 가지고
관청에 나아가니 피가 뚝뚝 떨어지는데 울기도 하고 하소연도
하였으나 문지기가 막아버렸다. 부정부패 때문에 울분에 찬 한
농부가 자신의 성기를 절단하고 그 아내가 남편의 성기를 안고
울부짖는 사연을 그리고 있다.

《목민심서》 vs. 《자산어보》

다산은 이 시를 쓴 뒤에도 그 참담한 현장을 외면하지 않고 혁
신의 길을 끝없이 모색했다. 그런데 혁신의 방식은 두 형제가 서
로 달랐다. 다산은 탐관오리들을 척결하고 나라의 질서를 다시

바로 세우면 된다고 생각했다. 반면에 정약전은 민중이 깨어나서 자립하기를 바랐다. 약전이 가난한 민중이 빈곤에서 벗어나기를 바라면서 지은 책이 바로 《자산어보》이다.

정약전이 1814년에 완성한 어류학서 《자산어보》는 수산 생물의 특징을 서술하고 해양 자원의 가치를 상세하게 기록한 책이다. 약전은 이 책을 쓰는 과정에서 흙탕물에 몸을 담그는 일도 마다않고 그야말로 양반으로서의 특권의식을 모두 내려놓았다. 정약전을 주인공으로 한 영화 《자산어보》를 보면 정약전이 이런 대사를 읊는다.

"학처럼 사는 것도 좋으나 검은색 무명천으로 사는 것도 뜻이 있지 않겠느냐."

약용과 약전 두 형제는 똑같이 민중을 사랑하고 변혁을 꿈꾸었다. 그런데 변혁에 이르는 방식이 서로 달랐다. 다산은 목민관들을 향해서 민중을 사랑하고 위하라고 외쳤다. 그리고 목민관이 가져야 할 마음자세를 강조했다.

반면에 약전은 민중이 물고기를 키우고 돈을 벌어서 자립하기를 원했다. 다산과는 다르게 더 근본적인 혁명을 꿈꾼 인물임을 알 수 있다. 다소 이상적인 다산의 변혁과 현실적인 약전의 변혁은 서로 색이 다르지만, 그 뿌리는 같다. 민중을 사랑하고 진정으로 나라를 사랑했던 애틋한 마음이 형제의 가슴에 숨 쉬고 있었다.

운명을 바꾸고 싶다면 꾸준히 변화하고 나아가야

《주역》에도 택화혁(澤火革)이라는 괘가 있다. 위에는 연못을 상징하는 태(兌)괘가 있고 아래에는 불을 의미하는 이(離)괘가 있다.

이는 연못의 물속에서 강렬한 불꽃이 타오르는 형상이다. 원래 물과 불은 상극이다. 불은 연못 물을 끓어 넘치게 할 수 있고 모두 증발시킬 수도 있다. 따라서 혁괘는 '혁명을 긍정한다, 찬양한다'라는 뜻이다. 괘사(卦辭)를 공자가 해석해놓은 단사(彖詞)를 살펴보면 혁명의 속성을 이렇게 해석한다.

천지혁이사시성탕무혁명순호천이응호인
(天地革而四時成湯武革命順乎天而應乎人)
'천지는 혁(革)으로써 사계절이 형성되고, 탕(湯)왕과 무(武)왕은 하늘에 순종하고 민심에 호응해 혁명을 일으켰다.'

은(殷)나라 탕왕은 폭정을 일삼던 하(夏)나라 걸(桀)을 살해하고 혁명에 성공했다. 주(周)나라 무(武)왕은 은나라 폭군인 주(紂)를 쳤다. 주역은 이를 두고 '하늘의 뜻을 받아 민심을 잃은 자를 벌한 것'으로 해석한다. 민심이 곧 천심이다.

이 일화는 맹자도 언급한 바 있다. 제(齊)나라 선왕(宣王)은 맹자와의 대화에서 이렇게 물었다.

"탕이 걸을 죽이고 무가 주를 쳤다지요? 신하가 왕을 죽여도 되는 겁니까?"

맹자가 답했다.

"인(仁)을 해치는 자를 도둑이라 하고 의(義)를 거스르는 행위를 잔인하다고 합니다. 잔인하고 도둑질을 일삼는 자를 필부(一夫)라고 부르지요. 무왕이 필부인 주를 죽였다는 얘기는 들었어도 임금을 죽였다는 얘기는 듣지 못했습니다."

맹자는 임금의 탈을 쓰고도 주변 사람에게 잔인하고 도둑질을 일삼는다면 당연히 몰아내야 한다고 말했다.

이렇게 보면 혁은 정의의 칼을 뽑고 혁신을 상징하는 괘이다. 바꾸고 고친다는 뜻이기도 하다. 요즘에는 혁신이 굉장히 좋은 뜻으로 통하기 때문에 덮어놓고 좋은 단어처럼 보일 수 있지만 그렇게 단순하지 않다.

일반적으로 혁명은 일순간의 파격적인 변화에 가까운 것 같지만 혁이라는 글자는 짐승의 껍질을 다듬고 무두질하여 부드럽게 한다는 의미를 포함하기도 한다. 따라서 진정한 변혁이란 일순간의 변화가 아니라 꾸준히 변화하고 나아감을 의미한다.

그러면 어떤 변혁이 성공한 변혁일까? 혁명의 성패는 크게 두 가지로 요약된다. 그중 하나는 시기이다. 《주역》은 최대한 변화의 분위기가 성숙할 때까지 기다린 후 거사를 하라고 충고한다.
어설픈 혁명은 자기만 다칠 뿐이라는 경고이다.

공용황우지혁 불가이유위지
(鞏用黃牛之革 不可以有爲也)
'굳고 단단하게 황소 가죽으로 묶어놓은 것처럼 하라. 절대로 경
솔해서는 안 된다.'

나머지 하나는 과감성이다. 혁괘의 다섯 번째 효사는 '혁명을
위해서 거사를 준비했다면 호랑이처럼 과감하게 움직여야 한
다'고 했다.

대인호변 미점유부
(大人虎變 未占有孚)
'대인은 호랑이처럼 변한다. 점칠 필요도 없다. 백성들의 신임을
받게 될 것이다.'

탕이 걸을 살해하고 무왕이 주를 죽였듯 과감한 행동으로 변
화를 꾀해야 오늘과 다른 내일을 맞이할 수 있다.

품격 없이는 운도 없다

천뢰무망
天雷无妄

거짓 없이 으뜸으로 형통하고 바르게 하면 이롭고
바르지 아니하면 재앙이 있으니 갈 바를 둠이 이롭지 않다.

"다른 벼슬은 해볼 만하지만 목민관은 가히 구할 만한 벼슬이
아니다."

다산의 대표적인 저서로 알려진 《목민심서》 첫 장에 등장하는
이 문장의 참뜻을 아는 사람은 그리 많지 않다. 다산은 이 문장을
통해서 정의 품격을 갖추지 못한 목민관을 비판했다. 목민관은
작은 조직의 리더인 셈인데 다산이 살던 시대의 목민관은 품격
을 갖추고 정운을 좋은 방향으로 이끄는 데 무관심했다.

그뿐만 아니라 수령의 수탈행위로 백성은 굶주리고 병드는데도 그들은 고운 옷과 좋은 음식으로 제 몸만 살찌우느라 바빴다. 적나라한 현실과 마주한 다산은 욕망을 채우기에만 급급한 목민관을 강하게 비판했다. 그리고 이렇게 탄식했다.

'군자(君子)의 학문은 수신(修身)이 그 반이요, 나머지 반은 목민(牧民)이니…. 지금의 목민하는 자들은 이익만을 좇으니 어떻게 해야 하나.'

다산은 《목민심서》를 1871년에 유배지였던 강진에서 완성했다. 긴 유배 생활 속에서 얻은 산지식을 통해서 수령들이 지켜야 할 지침을 완성한 셈이다. 또 이 책은 다산의 애민사상이 가장 잘 드러나 있는 저서로 오늘날에도 정치인, 법조인이 읽어야 할 필독서로 꼽힌다.

다산은 참된 리더라면, 수십 명을 먹일 수 있는 솥처럼 굶주린 백성을 책임져야 한다고 주장했다. 리더의 품격과 경건함을 다른 데서 찾을 게 아니다. 굶주린 백성을 먹이고 책임지는 능력, 그것이 다산이 생각한 리더의 품격인 셈이다.

동시에 그는 관리의 지독한 횡포와 수탈행위 때문에 고혈까지 빨리며 굶주리는 백성을 애통해했다. 그의 남다른 애민사상은 굶주리는 백성을 바라보는 애통한 심정을 그린 〈기민시(飢民詩)〉에서 드러난다.

야윈 목 따오기처럼 늘어지고
병든 살결 닭가죽처럼 주름진 채,
우물을 두고도 새벽 물 긷지 않고
땔감을 두고도 저녁밥 짓지 않아,
사지는 그런대로 움직이지만
걸음은 제대로 걷지 못한다.
…(중략)
"어진 정치 베풀기 바라지 않고
봉급 덜어 구제하는 것도 바라지 않소.
관가의 재물 상자 남이 볼까 숨기니
어찌 우리가 굶주리지 않을 수 있나.
마구에 튼실한 사또의 애마는
정말 우리들의 살과 피라오."

_〈기민시(飢民詩)〉 중에서

이 시에서 나타나는 지배계층의 횡포는 하늘의 뜻을 완전히 위배하는 행위라고 볼 수 있다. 눈앞에 굶주리는 이웃을 보면서도 자신의 이득만 취하는 이들이 욕망에 눈이 멀어 죄책감이 마비된 병자가 아니면 무엇이겠는가?

다산이 살던 시대에도 적폐 세력이 있었다. 이들은 하늘의 뜻인 정은 거들떠보지도 않으면서 아무런 죄책감도 느끼지 못했다. 정과는 반대로 행동하면서 제 이득만 취했고 이러한 행위는 다른 지배계층 사람들에게 전염됐다.

다산이 〈기민시〉로 비판했던 조선 시대와 현대의 대한민국은 얼마나 다를까? 지금도 온갖 부정부패를 저지르고 잠시 구속되어 죗값을 치르면 그만이라는 적폐가 활개를 치지 않는가? 정치인, 법조인, 언론인으로 이뤄진 부패의 카르텔이 수임료와 광고료나 용역으로 사법기관과 언론기관을 매수하고 불법을 감추고 그 속에서 어떻게 하면 더 많은 이득을 취할지 골몰한다.

그뿐만 아니라 비리와 부패가 일상화되면서 죄책감은 사라지고 동시에 얼굴은 두꺼워지고 뻔뻔해지며 자신들은 아무렇지도 않게 비리와 부패를 저지르면서도 다른 사람에게는 작은 흠도 가혹하게 처벌을 요구한다.

"군주와 목민관 등 통치자가 백성(民)을 제대로 사랑하고 위하지 않으면 백성들이 존경하고 따르지 않을 것이고, 그러면 통치자의 자격을 잃는 것이 하늘의 뜻이다."

만약에 다산이 오늘날 대한민국의 현실을 본다면 그는 용기

있게 외쳤을 것이다.

"품격 없는 리더는 자리에서 물러나라!"

자격이 없는 리더라면 자격을 잃어야 마땅하다는 다산의 말씀이 그 어느 때보다도 가슴을 울린다.

리더는 함부로 행동하지 않는다

중천건
重天乾

초구(初九)는 잠용(潛龍)이니 물용(勿用)이라.
아직 준비 단계 또는 마음속에 가지고 있는 꿈과 이상을
함부로 행동으로 옮기지 말아야 한다.

건(乾)은 주역의 첫 번째 괘이다. 양효 여섯 획이 나란히 있는 괘로서 즉 상괘와 하괘가 모두 하늘이고 양으로만 구성되어 있다. 건은 '크게 형통하되 바르게 하면 이롭다'라는 의미를 내포한다. 이 밖에도 명예와 양의 성격을 뜻하며 실천하며 살아가는 일생, 조직체에 리더로 있는 사람으로서 명예를 상징한다.

건괘의 상을 보면 여섯 개의 양효로 이루어져 있는데 이는 여섯 용을 형상화한 것이다. 세종대왕이 한글을 창제하고 한글을

시험하고자 펴낸 '용비어천가'의 첫 구절이 그 유명한 '육룡이 나르샤…'로 시작한다. 이때의 여섯 용이 바로 주역의 건괘를 말하는 것이다.

여기서 말하는 용은 우리가 생각하는 상상 속의 동물이 아니다. 용은 막힘없이 발전하고 앞서가는 기세이자 운을 형상화한 것이라고 봐야 한다. 이 여섯 개의 양효도 제각각 해석이 다 다르다. 하나씩 해석해보면 한 인간이 성장하고 뜻을 품어서 출세한 후에 제왕의 반열에 오르기까지 어떻게 처세해야 할지 배울 수 있다.

리더로 성장하는 여섯 단계
··

1단계인 효는 잠룡(潛龍)을 뜻한다. 잠룡은 엄밀히 말해서 용이 아니다. 아직 하늘에 오르지 못하고 물속에 잠긴 이무기를 뜻한다. 적절한 때를 만나지 못해서 초야에 묻혀 있는 영웅을 비유적으로 이르는 말이다. 힘이 미약하니 세상에 나아갈 때가 아니고 양이 처음으로 생겨 맨 밑에 처한 상태를 뜻한다. 그러므로 학문과 수양을 더 쌓아야 한다. 그래서《주역》에서 '잠룡은 물용(勿用)', 즉 아직은 쓰일 때가 아니라고 말한다.

2단계인 효는 잠룡보다 더 발전된 상태로 현룡(見龍)이라 한다.

잠룡이 영양을 충분히 흡수해서 뼈와 살을 키우고 이제 막 세상에 얼굴을 드러낸 셈이다. 현룡은 중도(中道)를 알고 덕과 뛰어난 재능을 겸비한 현인(賢人)이다. 하지만 아직 본인을 끌어 줄 강건하고 중정한 스승이나 리더를 만나지 못했다. 그를 만나야만 자신의 역량을 발휘할 수 있다.

3단계는 조금 더 강해지기 위해서 쉼 없이 노력하는 시기이다. 덕(德)으로 아침부터 저녁까지 굳세게 노력하고 또 저녁에 혹 잘못한 것이 있나 반성하는 태도로 나간다면 위태로운 처지나 허물을 면할 수 있다.

4단계는 최고의 지도자가 되기 위한 바로 아래 단계이다. 개천에서 막 뛰어오르는 상으로 본격적으로 하늘로 오를 준비를 해야 한다.

구삼(九三) 군자종일건건(君子綜日乾乾)하야 석척약(夕惕若)하면 려(厲)하나 무구(无咎)리라.
'용(龍, 강건, 남성성, 명예, 행동), 즉 군자가 온종일 굳세고 굳세어도(행동하고 행동해서 남성성을 발휘해도) 저녁에 두려워하면 위태롭지만, 허물이 없느니라.'
'초사(九四)는 혹약재연(或躍在淵)하면 무구(无咎)리라.
무릇 용(龍, 강건, 남성성, 명예, 행동)이 생각을 신중하게 하면 허물

이 없느니라.'

　자신의 역량이 최고의 지도자가 될 수 있는지 시험해보는 자리이다. 이때 준비를 충실하게 하지 못하고 경거망동하면 제대로 날아오르지 못하고 재앙에 휩싸인다. 일단 한번 뛰어보아서 시기가 무르익지 않음을 알아차리고 다시 제자리로 돌아와야 허물이 없다. 아직 날아오를 때가 아니기 때문이다.

　5단계는 비룡(飛龍)의 시기이다. 드디어 때를 만나 하늘을 나는 비룡이 되었으니 《주역》에서는 '비룡재천(飛龍在天) 이견대인(利見大人)'이라고 표현한다. 지상에 천상으로 오르는 건 한 사람에게 커다란 성공을 의미한다. 이 단계에서 덕성과 능력을 겸비하면 주위 사람들이 따르고 위대한 집단의 수장이 된다. 이때 이기심을 버리고 공동의 이익을 추구하는 사명감이 필요하다. 또 용이 지존(至尊)의 자리에 올랐으니 대인을 만나게 된다. 여기서 대인이란 훌륭한 신하 또는 참모를 뜻한다.

　마지막으로 6단계인 효는 끝까지 올라간 자리라 하여 항룡(亢龍)이라 한다. 너무 높은 자리에 올라서 두렵거나 고독한 처지이다. 자리는 있지만 실권이 없는 자리로서 함부로 움직이면 후회만 남는다. 일단 더 크게 성공하려는 집착을 버려야 한다. 하늘 높은 줄 모르고 위만 쳐다보면 다른 사람의 의견이 들리지 않는다. 과거에 나를 도와준 사람과도 점점 멀어진다. 욕망에 눈이 멀어서 하늘을 날다가 진흙탕에 떨어질 수도 있다. 화무십일홍(花無十日紅) 권불십년(權不十年)의 위태한 자리가 항룡이다.

세상의 이치를 진지하게 탐구하는 자세

건괘는 우리 일상에도 적용할 수 있다. 사회생활을 해보면 보통 두 부류의 리더를 만나게 된다. 부하 직원에게 실무를 위임하고 큰 방향과 틀만 제시하는 리더가 있고 일을 하나하나 꼼꼼히 챙기고 지휘하는 리더가 있다.

전자의 성향은 건괘와 닮았다. 이 리더는 밑그림만 제시하고 세부적인 일은 실무자에게 맡긴다. 부하 직원 처지에서 편할 것 같지만 사실은 그렇지 않다. 알아서 잘해야 하므로 상당한 업무 처리 능력이 요구된다. 그래야만 리더가 믿고 일을 맡길 수 있으며 조직이 원활히 돌아갈 수 있기 때문이다.

건의 스타일로 일하는 리더는 진취적이며 대외적 활동을 좋아한다. 작은 것에 연연하지 않고 통이 크다. 이 스타일의 전형적인 리더는 순임금이다. 순임금은 실무를 신하에게 일임하고 간여하지 않은 무위정치(無爲之治)를 펼쳤다.

반대로 모든 일을 손바닥 보듯 하며 일일이 지시하는 리더도 있다. 이런 타입은 땅을 의미하는 곤괘에 해당한다. 아랫사람의 처지에서는 피곤할 수 있다. 반면에 큰 고민 없이 지시받은 사항만 수행하면 된다는 점에서 편할 수 있다.

건이 양이라면 곤괘는 음(陰)에 해당한다. 곤은 변화나 성장보다는 안정과 내실을 추구하는 스타일이다. 구체적이고 세세한 것까지 배려하고 챙긴다. 이 방면의 전형적인 리더는 고대 하(夏)나라의 우임금이다. 우임금은 13년간 온 중국을 돌아다니면서 일일이 치수(治水) 사업을 직접 챙겼다.

건괘는 사람에게뿐만 아니라 세상의 이치에 적용되는 기본 원리이기도 하다. 모든 생명이 태어나고 성장하고 소멸하는 과정에도 적용된다. 세상의 이치를 알지 못하는 사람은 성공할 수 없으니 성공하고 싶다면 세상의 이치부터 알아야 할 것이다. 누구나 성공하고 싶어 하는 세상이지만 그러면서도 세상의 이치를 진지하게 탐구하려는 사람은 그리 많지 않다.

누구에게나 성공하는 자기만의 자리가 있다

운명상담 중에도 '제가 성공할 수 있을까요?' 또는 '우리 아이가 성공할 수 있을까요?' 하는 질문은 '돈을 많이 벌 수 있을까요?'라는 질문 다음으로 자주 등장한다. 이 질문의 의도를 살펴보면 보통 사람들은 성공하는 사람과 그렇지 못한 사람이 따로 있다고 생각하는 것 같다. 그러나 사실은 그렇지 않다.

성공 여부를 묻는 사람에게 항상 덧붙이는 말이 있다. 그건 바로 '누구에게나 성공하는 자신만의 자리는 있다'라는 것이다. 모든 사람에게는 저마다의 강점이 있고 그 강점을 잘 살리면 성공의 가능성이 열린다. 내 팔자가 좋지 않아서, 사주나 운명에 성공할 운이 없어서 잘되지 못한다는 건 평계일 뿐이다.

아무리 부족한 사람도 그 사람만의 강점이 있다. 자신의 강점이 무엇인지 제대로 알고 주어진 상황을 긍정적으로 받아들이며 적극적으로 대응하면 누구나 성공할 수 있다. 성공하는 사람의 운명과 그렇지 못하는 사람의 운명이 따로 있는 게 아니다. 그런데도 운명상담을 좋아하는 사람 가운데 자신이 성공하지 못한 이유를 운명으로 돌리는 일이 많아서 전문가로서 얼마나 기운이 빠지는지 모른다.

물론 사람마다 성공하는 정도는 다르다. 성공할 가능성은 누구에게나 있지만 크게 성공하는 사람이 있고 작게 성공하는 사람이 있다. 두 마리의 용이 똑같이 하늘을 날더라도 어디까지 오를 것인가는 제각각이지 않은가. 그건 꿈의 크기에 달렸다. 위대한 목표를 품고 단련하는 사람은 그렇지 못한 사람보다 더 기세 좋게 대차게 뻗어나갈 수 있다.

오십이라는 나이 앞에 서는 순간 움츠리는 사람이 있고, 끊임 없이 정진하는 사람이 있다. 앞으로 살아갈 시간을 생각해본다 면 당신은 어느 쪽을 선택할 것인가?

그 선택에 따라 20~30년 후의 인생 후반전은 완전히 달라질 수 있다. 인생이 길다면 길고, 짧다면 짧지 않은가? 나이 먹었다 고 한탄하며 방구석에만 머물러 있기에는 당신의 가능성은 여전 히 빛난다.

쉼 없이 굳세어라

중천건
重天乾

구삼(세 번째 칸)은 군자가 종일 굳세고 굳세게 최선의 노력을 다하였다 해도
저녁에는 하루를 돌아보고 반성하고 걱정하면
아무리 위태로워도 허물이 없느니라.

다산이 강진에 처음 발을 들였을 때 아무도 그에게 거처를 내
주지 않았다는 이야기를 한 적이 있다. 그는 밥과 술을 팔면서 숙
박도 겸하는 주막에서 겨우 방을 구할 수 있었다. 주막의 주인만
이 다산에게 온정을 베풀었다.

지금 그 집터는 남아 있지 않지만 얼마나 궁색했을까? 대역죄
인이라 그마저도 감지덕지했겠지만 내로라하는 양반가의 자손
으로서 그런 궁핍한 생활을 이어가기가 쉽지 않았을 것이다. 다

산은 강진에 유배 온 1801년 11월부터 주막의 작은 방에서 2년
을 보냈다. 1804년 갑자년 새해가 시작되는 날, 다산은 그 작은
방에 이름을 붙여줬다.

그 이름은 '사의재'였다. 사의(四宜)란 네 가지 마땅함을 가리
킨다. 생각은 마땅히 담백해야 하고 외모는 마땅히 장엄해야 하
고 말은 마땅히 과묵해야 하고 동작은 마땅히 중후해야 한다. 바
로 그 사의를 추구하는 방이라고 해서 사의재라고 이름을 붙인
것이다. 그는 또《사의재기(四宜齋記)》라는 기록을 남겼다.

주막집 주인 할머니의 배려로 4년 동안 기거하며《경세유표(經
世遺表)》등을 집필하고 제자들을 교육하던 곳이다.

"사의재(四宜齋)는 내가 강진에 유배 와서 사는 방의 이름이다.
생각은 담백해야 하니 담백하지 않은 점이 있으면 부디 빨리 생
각을 맑게 해야 한다. 용모는 엄숙해야 하니 엄숙하지 않은 점이
있으면 부디 빨리 의젓하게 해야 한다. 말은 참아야 하니 참지 않
은 점이 있으면 부디 빨리 말을 그쳐야 한다. 행동은 진중해야 하
니, 진중하지 않은 점이 있으면 부디 빨리 느긋해야 한다. 이에
이 집을 '사의재'라고 이름하였다. '의(宜)'는 마땅하다는 뜻의
'의(義)'이니, 마땅함으로써 자신을 스스로 바로잡는 것이다. 빠
르게 먹어가는 나이를 생각하고 뜻과 사업이 무너진 것을 서글

퍼하면서 자신을 반성하기를 바란다."

때는 가경(嘉慶) 8년 (1803년, 순조 3년) 겨울 신축(辛丑)일 동짓날이니 사실상 갑자년(1804년, 순조 4년)이 시작되는 날이다.

'마땅하다'라는 것은 의(義)라는 것이니, 의(義)로써 제어하는 것이다. 어느새 나이만 먹고 뜻한 일은 변변히 이룬 게 없는 것을 생각하며 슬퍼한다. 스스로 반성하기를 바랄 따름이라 당부했다.

지금으로 치면 여인숙, 게스트하우스의 작은 방에 사의재라는 이름을 붙인 다산의 의지가 얼마나 결연한가! 다산이 새해에 무엇을 공부할지 어떤 글을 쓸지 계획을 세웠고, 이후 18년의 유배 생활 내내 실학을 집대성했다.

그런데 갑자년 새해에 쓴 《사의재기》의 말미에 건괘가 등장한다.

'오늘 나는 주역의 건괘(乾卦)를 읽었다. 건괘는 굳셈(健)이다. 정자(程子)가 말하길, 건은 하늘(天)이요, 굳세어 쉼이 없는 것을 일러 건이라 한다.'

다산은 이 설명을 《주역사전》에도 실었다. 주역의 첫 번째 괘이자 거침없이 뻗어가는 성공의 기세를 용에 빗댄 괘를 읽으며 남다른 다짐을 글로 남긴 셈이다. 그는 쉼 없이 굳세지겠다고 했다. 이는 쉬지 않는 하늘처럼 부지런하고 성실하겠다는 다짐으로 이로써 그가 지금까지도 최고의 지성으로 꼽히는 이유를 알수 있다.

조화를 이루면 아름답다

중곤지
重坤地

곤(坤, 여성 리더십, 생각, 마음, 정신)은 으뜸이고 형통하고 이롭고
암말을 바르게 지킴이니 군자가 갈 바 있나니, 서두르면 방황하고 머뭇거리고,
천천히 하면 얻을 수 있고, 이익을 주장할 수 있다. 서남쪽(안정)은 벗을 얻고
동북(행동)은 친구를 잃으니 편안하고 바르게 지키면 길하리라.

운명상담을 받으려는 방문객의 70%가 여성이다. 여성이 남성
보다 운명에 관심이 많은 이유는 여러 가지 사회학적인 이유가
있을 수 있다. 그런데 그 이유보다 더 중요한 건 여성이 남성보다
고민이 많고 삶이 고달프다는 사실일 거다.

암탉이 울면 집안이 망한다는 옛 속담이 있다. 하지만 이는 여
성 혐오적인 옛날 사람들의 가치관을 그대로 드러낸 구시대적인
속담이다. 역학에도 여성 혐오적인 요소가 있고 이는 현대에 들

어서 크게 비판받기도 했다. 그런데 역학 일부분이 그런 것이지 역학 전체가 그렇지는 않다. 《주역》에서도 여성의 힘을 신성하게 바라보고 중요하게 다루고 있다.

특히 풍수를 제대로 활용하면 '암탉이 울면 알을 낳는다'는 말이 현실이 된다. 풍수학의 양택에 집의 모양을 활용하는 가상학이라는 학문이 있는데 이 가상학을 잘 이용하면 여성 해방도 가능하다.

우선 건물 형태와 크기를 잘 만들어서 여성의 권위를 높일 수 있다. 풍수상 지붕은 이상주의, 평등주의를 의미한다. 우리의 전통 건물 양식에서는 지붕의 크기가 왕성하다. 건물의 골격을 만들어놓고 지붕을 위한 고사를 지낼 정도로 지붕에 신경을 많이 쓴다.

크고 웅장한 지붕의 권위에 몸체는 눌린다. 이는 여성이 남성의 권위에 눌려 지냈고 과학을 발달시키기보다 이상을 키우는 데 더 주력했던 우리의 과거를 보여주기도 한다. 우리나라도 이제 빌딩과 같은 구조물이 많이 들어서고 지붕이 차츰 없어지고 있다. 그래서 여성의 권위가 이전보다 인정받는 추세이다. 앞으로도 지붕의 크기는 더 작아져야 할 것이다.

또 마당의 위치와 크기를 정할 때도 여성을 고려해야 한다. 마당이나 정원의 위치가 건물의 정면에 있을 때 남성의 권위, 출세가 강해지고 건물의 뒷면에 있을 때 여성의 권위와 출세가 강해진다는 뜻이다.

우리의 전통 건축 양식은 대개 앞마당이 넓고 뒤 터에는 장독대만이 존재한다. 이런 이유로 남성 권력이 몇백 년간 이어졌다. 반면에 미국은 대문을 들어서면 적당한 크기의 정원이 자리 잡고 뒤편에 수영장이나 테니스장처럼 정면과 비슷한 크기의 땅이 자리한다. 이들은 우리보다 훨씬 양성평등에 가까운 삶을 산다. 그러나 일본은 마당의 구조가 없고 담의 경계선으로 건물이 크게 자리 잡는다. 또 건물 위에 건물이 들어설 정도로 지붕의 크기가 왕성하다. 천황제도가 지속하고 일본 여성의 지위가 약한 사회문화적 배경을 보면 건물 풍수와 관련이 없지 않다.

세계적으로 지금은 빌딩 구조물이 많이 생겨서 여성의 힘이 조금씩 커지고 있다. 완벽한 양성평등 시대가 도래하기 위해서는 건물의 풍수, 양택의 풍수를 정확하게 적용하는 것도 하나의 지혜일 것이다.

포용하고 조화를 이루라

여성의 힘에 관한 주제는 《주역》에도 등장한다. 《주역》의 두 번째 괘인 곤위지(坤爲地)가 그렇다. 곤위지는 음효가 여섯 개 이어져 있고 첫 번째 괘 건위천(乾爲天)이 하늘, 남성을 상징한다면 두 번째 곤위지는 대지, 여성을 의미한다.

하늘은 양이고 햇볕을 내리고 비를 뿌리고 바람과 천둥을 일으킨다. 강력한 생명력으로 만물을 생성하게 한다. 반면에 땅은 음이고 포용과 조화(配合)의 덕을 품는다. 하늘이 준 생명력을 온전하게 받아들여서 만물을 포용하고 키워낸다. 가끔 '남자는 하늘, 여자는 땅'이라는 말이 남존여비의 근거로 쓰이는데 터무니없는 소리다. 하늘이 위대하고 땅이 비천한 게 아니라 하늘과 땅은 똑같이 귀하고 양쪽 중 어느 한쪽이라도 없으면 안 되는 보완적인 관계이다. 하늘의 창조력이 아무리 강해도 대지의 포용력이 있어야 완성되고 음의 포용력 역시 양의 창조력으로 완성된다.

고양불생 독음부장(孤陽不生 獨陰不長)
'양(陽)만으로는 생성되지 않으며, 음(陰)으로만은 생장이 없다.'

《주역》은 여성을 암말(牝馬)에 비유한다. 암말은 수말과 함께하고 그 인연을 지킨다. 그런데 소와 다르게 무조건 따르지 않는다. 수말과 함께해도 자신의 강인함을 잊지 않는다. 곤괘는 여자의 괘인 동시에 신하의 괘이다. 그래서 먼저 나가지 않고 잘 따르면 길하다. 따라서 리더가 곤괘를 얻으면 비록 리더일지라도 신하처럼 따라야 한다.

곤의 기운이 강하면 음의 성격인 물질 중심으로 평생을 살아갈 운명이다. 자연히 안정적인 가치를 따르고 현실적인 생각을 한다. 양육을 잘하고 검소하고 부지런하며 부단한 노력으로 성과나 결실을 본다. 나를 내세우지 않고 보이지 않는 곳에서 꾸준히 노력하면 마침내 행운이 온다. 그러나 사업을 시작하거나 확장하거나 적극적으로 나서는 일에는 신중해야 한다.

30년간 20만 명 이상 운명상담을 해보니 돈을 크게 번 남성 가운데 총각 시절에는 돈이 줄줄 새다가 부인을 만나서 금전이 쌓이는 사례가 많다. 부양가족이 생기면 어쩔 수 없이 돈을 써야하는 상황이 늘어나서 어떻게 돈을 모을 수 있을지 막막한 경우가 많다. 이럴 때 오히려 돈을 모을 수 있는 비결은 바로 음의 도움을 받은 결과이다.

활동력이 강한 남성의 경우 돈을 벌기는 버는데 지키지 못하고 모두 새어 나간다. 그런 경우 음의 기운을 가진 여성, 부인이 그 돈을 모은다. 돈을 차곡차곡 담고 흘리지 않도록 야무지게 보관하면서 더 큰돈으로 불린다. 남성이 아무리 돈을 많이 벌어도 줄줄 샌다면 아무짝에도 쓸모가 없다. 부부가 번 돈으로 여성들이 부동산을 조금씩 사들이거나 천천히, 조급하지 않게 저축하여 재물을 모으는데 이게 바로 소위 말하는 처복이 많은 경우이다.

부부간에도 서로의 부족한 면을 채우고 아내는 남편을, 남편은 아내를 귀하게 여기면 한 집안의 운명은 서로 복되게 될 것이다.

밥 파는 할머니의 가르침

다산이 유배형을 받고 막 강진에 도착했을 때 정신적인 충격을 크게 받았다. 오죽했으면 사주에 화가 많아서 활동적인 그가 석 달이나 두문불출했다고 한다. 방에 그저 멍하니 앉아만 있는 그를 일으켜 세운 사람이 있는데 다름 아닌 주모였다.

"아이들에게 글을 가르치면 어떻겠습니까?"

나중에 다산이 강진에서 만난 사람 가운데 가장 크게 관심을 보인 사람이 그 주모라고 한다. 주모는 동문매반가(東門賣飯家)라는 주막을 운영했다. 모두가 외면하고 손가락질할 때 다산에게 방을 내주고 밥을 지어준 이도 바로 그 주모였다. 그러던 어느 날 저녁 주모가 다산에게 물었다.

"영공(令公)께서는 글을 읽었으니 이 뜻을 아시는지요? 부모의 은혜는 다 같은데 어찌 아버지만 소중히 여기게 하고 어머니는 가볍게 여기는지요. 아버지 성씨를 따르게 하고, 상복도 어머니는 낮출 뿐 아니라 친족도 아버지 쪽은 일가를 이루게 하면서 어머니 쪽은 안중에 두지 않으니 너무 치우친 것이 아닌지요?"

다산은 곰곰이 생각하다가 대답했다.

"아버지는 나를 낳아준 시초라 하였소. 어머니의 은혜가 깊으나 하늘이 만물을 내는 것과 같은 큰 은혜를 더 소중하게 여긴 덕분인 것 같소."

그 말을 들은 주모가 이렇게 받아쳤다.

"영공의 대답은 흡족하지 않습니다. 내 그 뜻을 짚어보니 풀과 나무에 비교하면 아버지는 종자요, 어머니는 토양이라고 할 수 있습니다. 종자를 땅에 뿌리면 지극히 보잘것없지만, 토양이 길러내는 그 공은 매우 큽니다."

_《다산서간정선》, 정약용 · 정약전 저, 현대실학사

이들의 대화가 이토록 자세하게 전해지는 까닭은 주모의 말을 들은 다산이 형님인 정약전에게 편지를 썼기 때문이다. 다산은 주모와 대화를 나눈 소감을 이렇게 전했다.

'나는 이러한 말을 듣고 흠칫 크게 깨달아 공경하는 마음이 일어나게 되었습니다. 천지간에 지극히 정밀하고 지극히 오묘한 뜻

이 이러한 밥 파는 노파에게서 나올 줄이야 누가 알기나 했겠습니까? 기특하고 기특한 이야기입니다.'

주모의 가르침은 《주역》의 이치와 상통한다. 음이고 땅이고 여성인 곤의 기운이 땅에 뿌려진 종자를 길러내는 역할을 도맡고 그 공이 매우 크다. 주모는 주역이나 여성학을 따로 공부하지 않아도 이러한 이치를 다 알고 있는 현인이었나 보다. 조선이 낳은 천재 다산을 가르친 주모도 놀랍고 주모에게 한 수 배운 다산도 대단하다. 얼마 뒤에 동생의 편지를 받은 정약전은 이 일화를 듣고 답장을 써서 보냈다.

'모두 새로운 견문이니, 사람을 깨닫게 하고 정신을 맑게 하네. 주막 노파의 논리는 내가 일찍이 생각해도 이르지 못한 것인데 뛰어나고 뛰어나네.'

다산은 주모의 주막에서 4년을 보냈다고 전해진다. 크나큰 시련을 겪고 쓰러진 다산을 주모는 곤의 기운으로 일으킨 게 아닐까? 유배되는 동안 다산의 창조력이 끝없이 발휘되어 명저를 줄줄이 남긴 데에는 주모의 포용성과 관대함이 한몫했다고 볼 수 있다.

끊임없이 지혜를 구하면 늙지 않는다

산수몽
山水蒙

배움은 형통하니 내가 어린아이에게 배움을 구하는 것이 아니라
어린아이에게 내가 구하니 처음 묻거든 가르쳐주고 두 번 세 번 묻거든 모독함이니
모독하면 가르쳐주지 아니하나니 바르게 해야 이로움이 있다.

노벨상을 수여하는 스웨덴의 한림원(Kungliga Akademien)은 1946년에 헤르만 헤세(Hermann Hesse)의 노벨문학상 수상을 발표하면서 수여 이유를 이렇게 밝혔다.

"성장에 대한 관통한 듯한 대담한 묘사, 전통적인 인도주의의 이상에 영감을 불러일으킨다."

헤르만 헤세는 독일계 스위스인으로 소설가이자 시인이다. 주요 작품으로 《수레바퀴 밑에서》, 《데미안》, 《싯다르타》 등이 있다. 신학자 집안에서 태어난 그는 철학, 종교, 정의와 같은 형이상학적인 이념을 끊임없이 탐구했다.

헤르만 헤세의 어머니가 네 살 때 그를 보고 '이 아이에게는 내가 감당할 수 없는 지력과 굳은 의지가 있습니다'라고 했을 정도로 그는 어린 시절부터 남달랐다. 창조의 열정과 탐구 정신이 넘쳐났고 이를 자기 가문에 태어난 사람의 운명이라고 생각했다.

헤르만 헤세는 1917년에 칼 융과 처음 만났다. 위대한 두 천재가 동시대에 태어나서 같은 지역에서 살다가 같은 시기에 사망하는 우연은 우주의 동시성이 없으면 탄생하지 못할 인연이다. 헤르만 헤세는 칼 융의 영향을 받아서 정신분석학에 몰두했고 그 무렵에 《데미안》,《싯다르타》를 썼다.

《유리알 유희》는 헤르멘 헤세가 10여 년에 걸쳐서 집필한 마지막 역작이자 노벨문학상 수상작으로 1943년에 출간되었다. 그는 이 작품을 통해서 끊임없이 고민했던 존재의 의미와 현실 사이에서 어떻게 균형을 잃지 않고 조화로움을 유지할지 사색하고 성찰하여 이를 상징적으로 그려냈다.

소설은 25세기로 추정되는 2400여 년에 한 전기 작가가 200년 전에 살았던 전설적인 명인 요제프 크네히트(Josef Knecht)란 인물의 자료를 모으고 발자취를 찾아서 그에 관한 일대기를 쓰면서 시작한다. 스위스 산간 지방에 세워진 카스탈리엔(Castalian)

에서는 정치적, 사회적 영향을 받지 않고 엄격하고 절제된 자기 수양으로 교육된 인재들이 교직에 선다. 그들은 사회가 질서 있게 움직이도록 돕는 역할을 맡는다.

요제프 크네히트는 이곳에서 영재로 교육받고 유리알 유희의 명인으로 추대된다. 맡겨진 임무를 완벽하게 수행하며 살아가던 그의 앞에 학생 시절 논쟁을 벌이던 세속의 친구 태시 뇨리가 나타나면서 자신이 진정 바라는 삶이 무엇인지 고민하는 게 이 소설의 주된 내용이다.

바로 이 소설에 《주역》이 등장한다. 주인공 요제프 크네히트는 《주역》을 통달하면 우주의 이치를 알 수 있다는 희망으로 중국의 현자를 찾아가는데 현자는 요제프를 제자로 받아들일 것인가 아닌가를 놓고 점을 친다. 그때 나온 《주역》의 괘가 바로 산수몽 (山水蒙)이다.

배울 때는 아이처럼 순진무구한 자세로

몽괘는 아래는 물이고 위에 산이 있는 형상이다. 산 아래 물이 흐르는 게 무슨 의미일까. 산속의 작은 웅덩이, 계곡은 시냇물, 강물, 바다로 점점 커진다. 몽괘는 시작이며 깨달음을 상징하는

데 이는 곧 교육을 상징하기도 한다.

또 앞에 큰 산이 있고 그 산 밑에 물과 안개가 피어 올라가고 있으니 시야가 흐리고 몽롱해서 잘 보이지 않는다. 사람으로 치면 아직 지혜를 갖추지 못해서 어리석고 아둔한 사람이다. 그래서 어두울 몽(蒙)이기도 하다. 계몽(啓蒙)이라는 단어도 여기서 나왔다. 세상에 막 태어나서 어릴 때는 몽매(蒙昧)하므로 몽괘는 '어리다'는 뜻도 내포한다.

현자가 요제프를 제자로 받아들일지 말지를 놓고 점을 쳤을 때 그 괘사는 다음과 같다.

'몽(蒙)은 형통(亨通)하다. 내가 동몽(童蒙)을 구하지 않고, 동몽이 나를 구한다. 초서(初筮)는 가르쳐준다. 재삼(再三) 점치면 모욕(侮辱)하는 것이고, 모욕하면 가르쳐주지 않는다.'

여기서 동몽(童蒙)은 어릴 때부터 끊임없는 교육을 통해서 지혜를 찾아갈 수 있도록 도와줘야 하는 존재이다. 옛날에는 소학을 떼고 나면 《동몽선습》과 《격몽요결》을 배웠다. 그래야 다음 단계인 《대학》을 시작으로 사서육경을 공부할 수 있다. 물론 이 모든 걸 열심히 배워야만 대과 문과 급제라는 입신양명의 길도 열린다.

따라서 동몽은 스스로 스승을 찾아서 배우는 학습자, 혹은 그의 학습 태도를 뜻한다. 조선의 유학자 송암 권호문은《송암집(松巖集)》에서 진정한 학습을 이렇게 정의했다.

'충실한 덕이 몸에 갖춰져서 동몽이 배우려고 나를 찾아오니 때론 이끌어주고 권면하면서 훈계의 말을 게을리하지 않았다.'

또 공자는《십익》(十翼, 중국의 공자가 지었다고 전하는 주역의 뜻을 알기 쉽게 설명한 책) 단전(彖傳)에서 교육에 대해 이렇게 언급한다.

'산기슭의 아주 작은 샘에서 흐르는 물줄기인 몽은 여리고 의지할 곳이 없다. 그러나 그 몽이 점차 시내와 강을 이뤄 끝없이 넓은 바다로 나아간다. 몽이 지혜의 본체로서 무한한 가능성을 실현하기 위해 소박한 마음으로 훌륭한 스승을 찾아 나서야 한다.'

몽은 매사가 어두우니 좋은 선생을 만나서 가르침을 받고 충분히 길러진 다음에야 형통하다. 무지몽매한 자는 바른 덕을 길러서 순진무구한 자세로 배움을 청해야 한다.

주역점에서 몽괘를 얻으면 현재는 어둠에 덮여 있어서 자세히 보지 못한다. 아직은 어려서 지혜의 싹이 자라지 않았다. 그래서 실력이 부족하고 지식이 결핍된 상황이다. 그러나 헤매지 않고 바로 가야 한다. 그러기 위해서는 선각자의 지도와 교육이 필요하다. 그럴 때는 요제프처럼 자신에게 필요한 스승을 직접 찾아내야 한다. 그래서 교육은 가르침보다 배움에 더 큰 무게가 실리고 교육의 핵심도 배움이라고 할 수 있다.

죽을 때까지 공부해야 하는 이유

산수몽
山水蒙

배움은 어리석음을 깨닫게 하는 것이니
형벌을 사용하는 사람을 활용하면 질곡(속박)에서 벗어날 수 있고,
형벌로써만 하면 인색하리라.

다산이 애정을 갖고 몰두했던 실학은 조선 땅에서 일어난 근대화 사상이라고 할 수 있다. 17세기 유럽에 계몽주의가 등장했던 것과 마찬가지로 조선에도 비슷한 움직임이 일어난 셈이다. 조선의 실학은 당시 조선 사회를 장악했던 성리학이나 유교의 썩은 뿌리에서 싹텄지만, 그 내용은 무척 계몽적이었다.

조선 사회를 떠받치는 가장 굳건한 기반이던 성리학이 두 차례 전란으로 피폐해진 건 피할 수 없는 현실이었다. 성리학의 한계를 극복하고 새로운 학문을 제시하는 게 당시 실학자들의 공통된 고민거리였다. 실학자들은 학문의 실용성을 강조하고 관념론적인 주리론보다 유물론적인 주기론을 수용했다. 또 전제(田制) 개혁과 대동법을 지지하기도 했다.

이들이 실학을 대안으로 꺼내든 이유는 시대가 바뀌는데도 여전히 몽의 기운에 잠식되어 있던 백성을 일깨우기 위해서였다. 한마디로 애민사상을 바탕으로 새로운 학문을 연구하고 퍼뜨리고자 매진했다고 할 수 있다.

그 대표적인 예가 《흠흠신서(欽欽新書)》인데 다산은 이 책을 쓰는 동기를 다음과 같이 밝혔다.

"오직 하늘만이 사람을 살리기도 하고 죽이기도 하니, 사람의 목숨은 하늘에 매여 있다. 그런데 사람이 하늘의 권한을 대신 쥐고 행하면서도, 삼가고 두려워할 줄을 몰라 세밀한 부분까지 명확하게 분별하지 못한다. 죽여야 할 자를 살리고 살려야 할 자를 죽이고도 부끄러움이 없다."

다산은 암행어사로 임명되어 활약하면서 전·현직 수령이 비리 행위를 저지르는 걸 목격했다. 그래서 1799년에 다산이 유배되기 전에 마지막으로 맡았던 관직인 형조참 시절에 형사 사건에 관해 수사와 재판 기록을 모아놓은 책을 썼다. 그뿐만 아니라 암행어사로서 억울한 백성의 누명을 풀어준 적도 많았다. 이런 그의 경험이 밑거름되어 《흠흠신서》가 세상에 나왔다. 흠흠(欽欽)의 뜻은 '신중하고 또 신중하라'이다. 다산은 법관의 덕목으로 흠휼(欽恤)을 강조했는데 이는 옥사를 신중히 처리하고 옥사에 휘말린 자를 불쌍히 여긴다는 뜻이다.

조선의 과학수사 지식을 집대성한 책으로 우리나라 최초의 법의학 연구서라고 할 수 있다. 오늘날로 치면 형법 및 형사소송법 교재에 해당한다.

다산은 왜 이런 책을 썼을까? 조선 시대에는 지방 고을에서 살인이 벌어지면 마을이 온통 쑥대밭이 되었다. 수령이 범인을 잡기 위해서 수사에 전념하는데 그러는 동안 백성의 기강이 완전히 무너지다시피 했다. 그중 일부는 남의 세간을 훔치고 비리를 저질렀다. 범죄를 벌하고자 수사를 벌이는데 그동안 또 다른 범죄가 발생하는 것이다.

"사람의 생명에 관한 옥사(獄事)는 군현에서 항상 일어나고 목민관이 항상 마주치는 일이다. 그런데도 실상을 조사하는 것이 매우 엉성하고 죄를 결정하는 것이 언제나 잘못된다."

《흠흠신서》에 적힌 구절 하나만 봐도 형을 집행하는 목민을 답답하게 지켜보다가 올바르게 가르치고 싶어서 책을 썼던 다산의 마음을 알 수 있다.

목적이 없는 공부는 참된 공부가 아니다

평생 다산이 일궈온 학문의 저변에는 일관된 정신이 깔려 있다. 그건 바로 위국애민(爲國愛民)이다. 다산의 그 정신은 유배 기간에도 변하지 않았다. 몽의 상태를 벗어나지 못하는 이들을 보면서 다산은 배움으로써 그들을 각성시키는 것 외에는 도리가 없다고 생각했다.

여러 가지 학문에 일생을 바친 다산이지만 법학 연구는 상대적으로 주목받지 못했다. 조선시대에는 율학(律學)이 오늘날 법학에 해당하는데 오직 유교만 숭상하는 선비들은 율학을 무시했기 때문이다. 잡과 시험을 볼 사람이나 율학을 공부했고 그들의 신분은 중인 이하였다. 그런데 사대부인 다산은 법학에 관심이 많았고 우리 역사를 통틀어도 독보적이라고 할 수 있는 법률 전문서를 썼다.

다산은 목적이 없는 공부는 공부가 아니라고 생각했다. 왜 책을 읽고 저서를 쓰는지 고민하지도 않은 채 그저 과거에 급제하고 벼슬에 나가기 위해서 공부하는 사람을 비판했다. 그래서 자신은 유배 생활 18년간 수많은 책을 저술하는 데 주력했다.

'내 책이 후세에 전해지지 않으면 후세 사람들이 사헌부의 보고서나 재판 서류를 근거로 나를 평가할 것이다.'

다산은 후세에 정당하게 평가받기 위해서 더욱 열심히 글을 썼다. 다산이 죽고 24년이 흐른 뒤에 평등을 부르짖는 동학농민혁명이 일어났다. 이때 녹두장군 전봉준이 다산의《경세유표》를 읽고 크게 감동했다고 전해진다. 이렇게 보면 다산이야말로 배움을 전파하면서 시대와 함께 숨 쉬고 역사 속에서 영원히 살아 있는 참된 교육자라고 할 수 있다.

크게 지나침은 바로잡아라

택풍대과
澤風大過

크게 지나침은 흔들리는 것이니
목표를 잘 정해야 이롭고 형통하다.

혐오가 우리 일상에 깊숙이 파고들고 있다. 도쿄올림픽에서 메달을 세 개나 따면서 국위선양에 앞장선 양궁 국가대표 선수를 향해서 근거 없는 혐오공격이 쏟아져서 우리 사회를 큰 충격에 빠뜨렸다. 특히 타자를 향한 혐오가 놀이문화처럼 SNS에서 번지고 있다. 지금 대한민국은 혐오의 시대라고 할 정도로 혐오문화가 팽배하다.

언제부터 우리 사회에 혐오가 만연하기 시작했을까? 시작은 이승만 정권 시기에 해방과 동시에 척결해야 했던 일제강점기 친일 앞잡이들이었다. 친일세력이 결탁해서 반공(反共)의 기치를 내걸고 자신들에게 반대하는 독립운동가들과 국민을 대상으로 '빨갱이'라는 혐오 프레임을 뒤집어씌웠다. 우리나라에 정치적인 혐오가 번진 게 이때가 처음이다.

과하면 부족함만 못하다

요즘의 세태를 보면 주역의 대과괘(大過卦)가 떠오른다. 주역에서 대(大)는 양(陽)이고 과는 '지나치다'는 뜻이다. 양효가 네 개이고 음효가 두 개이기 때문에 양이 음보다 지나치게 많다. 그래서 대과라고 불린다. 형상을 보면 바람 위에 연못이 자리했다. 하늘의 연못은 먹구름이 되고 그 아래 바람이 부니 곧 소낙비가 쏟아질 위험이 있다. 연못이 바람 위에 자리하면 가까울 때 소낙비가 내리고 모든 것이 휩쓸려버려 크게 잃을 수 있다.

한마디로 대과는 지나치다. 아이들이 어릴 때 풍선을 불어주면 아주 기뻐했다. 그런데 아이들은 풍선을 무조건 크게 만들어 달라고 주문한다. 이미 커질 대로 커진 풍선이 더 커지도록 바람을 불어넣는다. 지나치게 욕심을 부려서 풍선이 감당할 수 없는 수준까지 커지면 결국 버티지 못하고 터져버린다. 아이들이 좋아했던 풍선은 다 찢어져서 조각만 남는다. 대과는 풍선이 터지기 일보 직전인 상황이다. 곧 대들보가 무너져서 지붕이 쏟아지는 상태에 접어들게 되어 있다.

큰 사건이 생겼기 때문에 대과의 상태가 되도록 상황을 끌고 온 게 아니다. 작은 균열, 불균형이 쌓이고 쌓이다가 돌이킬 수 없는 지경까지 이르게 된 거라고 봐야 한다. '자연스럽다'라는 단어의 뜻을 떠올려보라. 뭐든지 적당하고 아름다운 상태를 자연스럽다고 한다. 이 자연스러운 상태에서 벗어나서 인위적인 불균형이 쌓이면 결국 택풍대과의 상태까지 이르게 된다.

대과의 기운이 강하면 겉으로는 그럴듯하게 보이지만 내면은 허약하고 천박하며 추하기 이를 데 없는 모습이 된다. 지나치게 공격적이고 융통성 없고 자기밖에 모르는 이기적인 사람도 대과의 상태라고 보면 된다. 호화로운 것을 좋아하고 사치와 낭비벽이 심한데 내면은 공허해서 영혼 없는 인형처럼 사는 사람도 마찬가지이다. 대과는 위와 아래, 외면과 내면이 조화를 잃고 심하게 불균형을 이루고 있다.

이를 해결할 방안은 하나이다. 이미 부자연스러운 불균형의 극치이므로 내버려두면 안 된다. 인위적으로 바로잡아서 균형을 찾아야 한다. 큰 개혁이 필요하다. 대과는 크게 바로잡아서 개혁해야 하는 상황을 의미한다.

공존하는 세상을 꿈꾸다

다산은 《주역》에 기반을 두어 인생의 네 가지 기준을 제시했다. 옳은 일을 하면서 이익을 얻는 것을 최선의 삶으로 꼽았고, 옳은 일을 하면서도 손해를 보는 것을 차선의 삶이라 보았다. 또한, 그릇된 일을 하면서 이익을 얻는다면 차차선의 삶, 마지막으로 그릇된 일을 하면서 손해를 보는 것을 최악의 삶이라 하며 삶을 살아갈 때 이 기준으로 살 것을 아들에게 당부했다.

대한민국 사회의 많은 문제가 불평등에서 기인한다. 광범위한 불평등 문제는 사회 구성원 간의 심각한 갈등을 낳았고 정치와 제도로써 이를 해결하려고 노력하지만 역부족이다. 불평등은 이제 누군가 해결해 줄 일이 아니라 우리가 나서서 적극적으로 해결해야 할 문제인데 대다수가 자신을 불평등 문제의 피해자라고 생각하지 문제 해결의 주체라고 보지 않는다. 우리가 화합하고 공존하는 세상은 이미 멀어진 걸까?

다산은 생각을 논리정연하게 말함으로써 타인을 설득하고 공감하게 하고 자신의 약점과 한계를 인정할 줄 알았다. 타인이 들어올 수 있도록 공간을 만들어주고 그리하여 다수의 사회에서 많은 사람이 평화롭게 살 수 있길 원했다.

화합과 공존이 너무 멀리 있다는 생각이 드는 요즘, 다산의 가르침을 되새기며 차악이 살아가는 세상이 아니라 선(善)이 지배하는 세상, 이타적인 삶이 지배하는 세상, 공정이 지배하는 세상, 함께 살아가는 세상, 상처와 아픔이 아물고 서로서로 보듬어주며 공존하는 세상을 꿈꾼다.

《주역》을 새롭게 읽어야 할 때

'양자역학이 지금껏 해놓은 것은

태극, 음양, 팔괘를 과학적으로 증명한 것에 지나지 않는다.'

_스티븐 호킹(Stephen Hawking)

《주역》은 음양으로 이뤄진 64개의 기호와 짧은 문장들만으로 삼라만상을 품는다. 옛사람들은 이 책으로 마음을 공부했다.《주역》을 거울삼아서 반성하고,《주역》을 통해서 위로받았다.《주역》의 핵심 키워드 중에 이견대인(利見大人)이라는 말이 있다. 해석하면 '대인을 만나봄이 이롭다'라는 뜻인데 우리 시대에 올바른 삶의 길을 제시하는 대인을 만나야만 난제를 극복할 수 있다는 뜻이다. 난제를 만난 지금의 우리에게 필요한 대인이 누구일까?《주역》이야말로 오늘날에도 우리가 믿고 따를 만한 대인이 아닐까.

혹자는 시대가 어느 시대인데 《주역》이냐고 반문할 수 있다. 그러나 《주역》은 동양의 사상, 정치, 종교의 뿌리이자 동양 정신의 원류이다. 디지털 혁명의 원리를 정립한 수학자 라이프니츠(Leibniz)의 이진법 체계가 음양 이론에서 나왔다. 또 노벨물리학상을 받은 양자역학의 아버지 닐스 보어(Niels Bohr)는 《주역》에 심취해서 노벨상 식장에서 팔괘가 그려진 옷을 입었다. 이뿐만 아니라 공로를 인정받아서 작위를 받았을 때 태극을 가문의 문장(紋章)으로 썼다.

이렇게 동서고금의 천재들이 빠져들었던 《주역》에는 다른 경전에는 없는 확실한 매력이 있다. 《주역》은 모두 만약을 가정한다. 무엇이 흉하다, 혹은 길하다고 단정 짓지 않고 조건부로 설명하는 게 특징이다. 예를 들면 '~하면 흉하고, ~하면 길할 것이다'라고 설명한다. 한마디로 불행이 닥쳐도 우리가 하기에 달렸다. 대응하는 방법에 따라서 결과는 크게 달라진다. 이를 반대로 해석하면 길한 일이 생겼을 때도 우리가 그 일을 어떻게 받아들이고 몸가짐을 바르게 하느냐 그렇지 않으냐에 따라서 흉한 일이 될 수 있다.

이렇게 단순히 점서라고 할 수 없는, 심오한 사상을 담고 있는 《주역》은 두 가지 사상을 주축으로 전개된다. 그중 하나가 천인합일(天人合一) 사상이다. 옛사람들은 하늘은 원형의 곡면이고 땅은 네모난 편면이라고 생각했다. 인간의 머리가 둥근 것은 하늘을 닮은 것이며 발이 평평하고 납작한 것은 땅을 닮았다고 여겼다. 인간을 비롯한 모든 생명이 자연으로부터 생성되고 방원(方圓)이라는 틀에서 벗어나지 않는다는 인식에서 비롯된다.

이러한 사상을 천원지방(天圓地方)이라 일컫는데 모든 생명이 천지의 활동을 통해서 방원의 형상성을 지닌다는 뜻이다. 천지의 활동은 곧 천지로 대표되는 음양의 요소들이 끊임없이 대립하는 가운데 조화를 이룬다. 이러한 세계관은 자연과 인간을 하나로 여기는 천인합일에서 비롯됐다.

《주역》에는 하늘(乾)은 위대한 창조를 주관하고 땅(坤)은 만물을 완성한다고 하면서 천지의 상호작용을 통해서 모든 생성과 변화가 생겨난다는 메시지가 담겨 있다. 하늘이 창조하는 역할을 한다면 땅은 완성하는 역할을 맡는 것이다. 여기에서 하늘의 형상인 원은 끊임없이 변하고 창조하는 양에 해당하고 땅의 형상인 방은 하늘의 기운을 받아서 만물의 형상을 길러내는 음의 성질을 지닌다. 하늘과 땅, 음과 양, 방과 원의 관계는 동양철학에서 중요하게 다뤄진다. 음양이 대립하고 갈등하는 동시에 조화를 이루어 모든 생명체가 끊임없이 생성하고 변화하고 발전한다.

두 번째 사상은 하늘이 절대로 쉬지 않는 데서 비롯된다. 하늘은 창조력이 강하고 건실하여 운행을 멈추지 않는다. 따라서 우주 만물은 끊임없이 변한다. 사람이 이를 본받아 실천함으로써 우한에서 벗어날 수 있다. 이를 가장 이상적으로 해내는 사람이 군자인데 군자는 스스로 굳세어 쉬지 않고 노력하는 사람을 뜻한다.

여기서 《주역》의 주축이 되는 두 번째 사상인 시중(時中) 사상이 등장한다. 《주역》은 우주 만물, 즉 자연이 시중 곧 때에 알맞게 운행되고 있는 것으로 본다. 사람 역시 시중을 본받아서 때에 알맞게 행하지 않으면 안 된다. 시중의 시는 시간과 장소와 상황을 말하고, 중은 알맞음, 곧 지나침이나 미치지 못함이 없는 조화와 통일의 상태를 말한다.

따라서 인간의 행동 역시 그 '때'에 응하여 적절하고 타당한 도를 따르라고 하였다. 한마디로 머물러야 할 때 머무르고, 나아가야 할 때 나아가서, 움직이고 머무름이 그 '때'를 잃지 않으면 도가 크게 빛날 것이다. 그 '때'를 따라서 근신하면 비록 위태로운 지경에 이를지라도 허물이 없을 것이다. 군자가 덕을 쌓고 일을 추진하는 데는, 그 적절한 때를 얻으려 하는 것이다. 때에 맞춰 알맞게 대처하면 위급한 지경에 처해도 탈이 없을 것이다. 그러므로 때에 마땅함을 얻으면 길하고, 때에 마땅함을 얻지 못하면 흉하다고 한다.

이렇게《주역》은 동양철학 사상의 틀 안에서 인생에 필요한 지혜를 녹여둔 책이다. 그런데 사람들은 왜 운명을 바꿀 수 있다고 하면서도 점을 치고 미래를 엿보려고 할까? 왜 인류의 역사가 지속하는 동안 내내 운명에 관심을 보이는 걸까?

사람은 누구나 과거를 돌아보고 미래를 엿보려고 한다. 그 마음은 행동을 바꾸자는 욕망에서 비롯됐으니 미래를 알고 싶은 사람은 그만큼 능동적인 사람이라고 할 수 있다. 고대의 현인들도 미래를 점치면서 그 미래를 받아들이기만 하지 않았다. 미래에 흉한 일이 있다면 흉함을 막고 길할 때를 알아내고자《주역》의 뜻을 제대로 받들기 위해서 해석에 해석을 거듭했다.

우리도 앞날에 닥칠 행운과 불행을 아는 데서 그치지 않아야 한다. 삶의 위기, 골치 아픈 난제가 있어도 그조차도 나를 돕게 만드는 지혜가 필요하다.《주역》은 그 지혜를 엿볼 수 있는 책이다. 그래서 공자, 조선의 왕, 다산을 비롯한 수많은 학자와 독자들에게 사랑받아 왔다. 따라서 인생의 방향을 새롭게 세울 지금이야말로 깊은 통찰을 담고 있는《주역》을 새롭게 읽어야 한다.

　왜 인간은 세계와 나의 본질을 그렇게 궁금해할까? 인간의 삶은 평탄하다가도 언제 위기와 나락, 재해를 만날지 모른다. 그럴 때마다 세계와 나는 어디로 흘러가는지 끝없이 되물었고 그것이 인간의 사유와 철학이 됐다. 다산 정약용이야말로 이런 인간의 전형이었다. 형제는 죽거나 유배되고 오랜 시간 귀양지에 갇혀 살 수밖에 없었다. 다산이《주역사전》을 연구하기 시작한 것은 너무나 당연한 일이었다.

　다산은 '눈으로 보는 것, 손으로 만지는 것, 입으로 읊는 것, 마음으로 생각하는 것, 쓰는 것에서부터 밥상을 대하고, 변소에 가고, 손가락을 퉁기고, 배를 문지르는 것 하나까지 주역이 아닌 것이 없다'라고 할 만큼 주역을 파고들었다. 다산이 발견한《주역》은 무엇이었을까? 그것은 뜻밖에도 접근 불허의 암호문이 아니라 우리 삶의 가치와 방향을 알려주는 나침반이었다. 다산이 가장 고통스러운 삶을 살았을 때《주역》을 만나 길을 찾았듯 팬데

믹으로 고통스러운 삶을 사는 우리에겐 이 책을 만나는 행운이 찾아왔다.

_백승권(작가, 글쓰기전문강사, 전 청와대 행정관)

　팬데믹 상황에 개봉한 이준익 감독의 영화 「자산어보」에 주인 공 정약전(설경구 분)의 동생으로 정약용(류승룡 분)이 잠깐밖에 나 오지 않아 조금만 더 장면을 할애했다면 좋았겠다는 생각을 했 었다. 그런데 뜻밖에도 이 책을 보면서 영화 한 편을 본 것처럼 그 시기 유배지 강진은 물론 다산의 전두엽과 폐부 속까지 들어 갔다 온 느낌을 받았다.

　이 책은 살아서는 천재이자 죽어서는 영웅이 되어 우리가 사 랑할 수밖에 없는 이 인물이 18년 격리라는 인생의 가장 큰 역경 을 다름 아닌 역경(易經, 주역의 다른 이름)으로 이겨냈음을 보여준 다. 이 책에 나오는 정약용의 가르침 중에 "재화를 비밀리에 숨 겨두는 방법으로 남에게 베푸는 것보다 더 좋은 것은 없다."라는 구절이 있다. 나는 오늘의 불행을 미래의 행운으로 바꾸고 위기 를 기회로 전환하는 능동적인 행동거지를 알려주는 이 좋은 책 을 비밀리에 숨겨두고 싶다. 많은 사람에게 알리고, 능력 닿는 데 까지 베푸는 방법으로.

_영화감독 장철수

부록

《주역사전》 깊이 읽기

우주의 원리를 담은 최고의 경전, 《주역》

《주역》은 오랫동안 최고의 경전으로 칭송되며 수많은 학자가 《주역》을 연구했다. 하지만 보통 사람에게 《주역》은 운세를 보는 책이라거나 읽기 어려운 한문으로 가득한 경전이라고 생각될 뿐이다.

그러나 공자는 '가죽끈이 세 번 끊어지도록' 《주역》을 읽었으며, 노자 역시 주요한 사상을 《주역》에서 빌려왔다. 또 다산은 힘든 유배 생활 중에도 수년에 걸쳐 《주역》에 대한 저서를 남겼다. 헤르만 헤세, 아인슈타인, 융 같은 최고의 지성이 하나같이 《주역》에 심취했다. 왜 그들은 그 많은 고전 중에서 《주역》에 심취한 것일까?

한국인이라면 누구나 《주역》의 내용을 한 번은 들어보았을 것이다. 신비한 경전이며 사서삼경(四書三經) 중의 하나라는 말, 또는 주역점의 비밀이 담긴 책이고 우주의 원리를 설명한 이론서

《주역사전》 깊이 읽기   279

라든가.

문제는 대부분 사람이 《주역》을 어려워한다는 데 있다. 그 이유는 《주역》이 고대 한문으로 쓰여 있기 때문인데 괘를 표현한 괘상도 암호처럼 보여서 더 어렵다. 양효(—)와 음효(- -)가 3개씩 만나 팔괘를 이루고, 또 팔괘가 2개씩 짝을 지어 대성괘를 이룬다.

《주역》이 난해하긴 하나 팔괘만 제대로 알아도 《주역》을 쉽게 공부할 수 있다. 팔괘는 하늘, 땅, 천둥, 바람, 물, 불, 산, 연못을 뜻한다. 우리가 흔히 보는 자연현상이다. 음과 양의 기운을 눈에 보이고 손에 만져지는 형상으로 여덟 가지 괘로 만들었다.

가장 먼저 하늘은 세상에서 가장 강력한 에너지로 생명을 만드는 창조적인 힘이다. 땅은 하늘에 순응하고 생명을 키우는 음의 힘을 뜻한다. 천둥은 생명이 싹틔우는 잠재된 에너지를 뜻하는 진취적인 힘이고, 바람은 힘의 이동 또는 변화를 의미한다. 물은 위험이나 함정을 의미하며, 불은 찬란한 아름다움, 열정, 절정의 빛이다. 산은 성장이 최정상에 도달한 상태로 성실함과 진실함을 상징한다. 연못은 마음이 바른 상태, 소통할 수 있는 상태를 의미한다.

팔괘는 세상을 만드는 여덟 가지 재료나 다름없다. 이 재료를 반죽하고 섞어서 음과 양이 가득한 세상을 만든 셈이다. 거대하고 복잡한 세상이 근본적으로 여덟 가지 재료로 만들어졌고 그 안에서 사는 만물, 인간을 포함한 모든 생명의 특성이 이 재료의 성격을 닮는다. 만약에 글을 쓴다고 가정하면 팔괘는 단어이다. 이것을 상하로 배치하면 64괘에 해당하며 글에서 비유하면 문장과 비슷한 게 된다. 그리고 이렇게 만들어진 문장은 세상의 이치와 만물의 상태를 표현할 수 있다.

《주역》을 이해하기 위해서 기억해야 할 개념을 덧붙여서 설명하자면 상(象), 수(數), 이(理)가 있다. 상은 생긴 모양, 형상을 의미하며 수는 수량이나 셈, 이는 원리를 뜻한다. 우리가 흔히 통합적인 사고를 할 수 있도록 능력을 길러야 한다고 이야기하는데 상, 수, 이가 바로 통합적인 사고를 위해서 필요한 재료이다.

어린 시절을 떠올려보면 좁고 단순한 사고가 주를 이룬다. 선생님께서 하시는 말씀이 모두 옳고 '1+1=2'가 진리라고 무조건 믿는다. 구구단을 통째로 외우기도 하고 어떤 정보를 던져주면 머릿속에 그대로 입력하기 바쁘다. 하지만 이는 10대에게나 허용되는 사고방식으로 다 자란 성인이 던져진 정보를 그대로 습득하고 앵무새처럼 말한다면 소양이 부족하고 모자란 사람 취급을 당하기 쉽다.

이후에 20대가 되면 이분법적인 사고에 빠지기 쉽다. 옳고 그름을 가리려고 하고 좌나 우를 골라서 한쪽 편에 서려고 한다. 또

내가 옳다고 생각하는 것만 보려고 한다. 어떤 현상의 이면을 보려고 하거나 나와 다른 생각과 타협하려고 하지 않는다. 그래서 20대에 혁명가가 되고 열사가 된다. 그만큼 순수하고 고귀한 정신으로 고집스럽게 세상을 바라볼 수 있으며 목에 칼이 들어와도 뜻을 굽히지 않을 정도로 용감하다. 이런 이들이 모여서 혁명을 일으키고 세상을 바꾼다.

그런데 세상을 단순하게 음과 양, 옳음과 그름으로 바라보고 답을 구할 수 있으면 얼마나 좋겠는가. 안타깝게도 세상은 인간이 생각하는 것 이상으로 복잡하고 다채로워서 답을 구할 수 없다. 따라서 사람의 나이가 오십이 되면 하나의 현상을 보고 여러 각도로 분석하고 접근하는 능력이 있어야 한다. 또 과거와 현재의 맥락에서 앞으로 이 현상이 어떻게 흘러갈지 나름대로 판단하고 예측할 수도 있어야 한다. 이를 통합적인 사고라고 할 수 있다. 오십 이후에도 모든 사람을 '내 편이 아니면 적'으로 간주하고 옳고 그름에만 함몰된 사람은 시야가 좁고 미성숙하다는 소리를 들을 수밖에 없다. 세상이 그렇게 단순하지 않기 때문이다.

음과 양은 끊임없이 순환한다

《주역》의 64괘를 봐도 순전히 양이거나 순전히 음으로 이뤄진 괘는 두 개뿐이다. 하늘을 뜻하는 건이 완전한 양이고 땅을 뜻하는 곤은 완전한 음이다. 나머지는 모두 음과 양이 혼재한다. 양안에 음이 있고 음 안에 양이 있어서 상, 수, 이가 서로 연결된다. 양과 음이 영향을 주고받으면서 상호작용하고 시시때때로 변하며 서로 통하는 걸 읽으며 세상의 이치를 파악하는 게 바로《주역》이다.

그래서《주역》의 괘를 두고 좋음과 나쁨, 옳음과 그름으로 단순하게 해석하는 것만큼 어리석은 짓이 없다. 똑같은 괘라도 상, 수, 이에 따라서 얼마든지 다른 의미로 해석할 수 있는 게《주역》이 가진 힘이다. 그러한 힘이 있으므로 인공지능이 활약하고 사람을 우주로 보내는 현대에도《주역》은 끊임없이 호출되고 재해석이 가능하다.

음양의 원리만 보더라도 분류가 끊임없이 계속된다. 음양은 마이너스와 플러스, 밤과 낮, 여성성과 남성성, 부드러운 것과 강한 것, 땅과 하늘, 마음과 행동, 내향형과 외향형, 아니무스와 아니마 등이 동시에 녹아 있다. 또한 5000여 년이 지나면서 오랜 세월 동안 우리나라의 사상적 DNA와 다양한 인간사에 스며들어 삶의 철학 중 하나로 깊이 뿌리내렸다. 기본 원리는 '변화'이며, 주자연, 질서와 인간 사회법칙과 개인의 삶에 끊임없이 변주한다. 시대, 역사, 사람에 따라 다양하고 복잡한 해석이 가능하고 응용할 수 있는 넓이와 깊이가 무한하고 개방적이다. 그래서 저작 목적이 무엇이라고 정의하기 어렵고 아직도 많은 이가《주역》을 이해하고자 도전한다.

다산은 일찍이《주역》의 엄청난 가능성과 무궁무진한 잠재력을 알아보고 유배 기간 가운데 상당한 시간 동안《주역》을 연구했다. 그뿐만 아니라 다산의 행적을 따라가면 그가《주역》의 가르침과 원리에 따라서 살았다는 사실을 알 수 있다. 다산은 길함과 흉함에 흔들리지 않으며 묵묵히 자신의 운명을 받아들였다. 보통 사람의 눈으로는 불행하다고 할 일에 맞닥뜨려도 겸손한 자세로 소임을 다하며 운명대로 살았다.

사람이 자연의 질서에 순응하고 하나로 녹아들면 이때 사람은 편안하고 타인을 사랑하는 마음이 생겨난다고 한다. 더 나아가서 생명을 품고 키워나갈 힘을 얻게 된다. 다산이야말로 진정으로 운명을 사랑하고 자연의 질서에 순응하며 녹아들었던 위대한 사람이 아닐까. 이런 사람은 어떤 일을 하든지 하늘이 돕고 사람이 돕는다. 다산이 지금도 최고의 지성이자 애민정신을 상징하는 인물로 존경받는 모습에서《주역》의 힘을 가늠할 수 있다.

다산, 《주역》을 재해석하다

다산은《주역》에 관한 책을 읽다가 1803년 봄부터 주역을 깊이 연구하기 시작하고 역리(易理)에 통달했다. 그 후 1803년 겨울

동짓날부터 다시 한번 《주역》을 정밀하게 통독하고 여러 책과 학설을 검증하여 이듬해인 1804년 여름부터 겨울 사이에 《주역사전(周易四箋)》을 완성했다. 이것이 첫 번째 《주역사전》 갑자본 (甲子本) 전 8권이다.

갑자본이 《주역》에 대한 기본이론을 갖추고는 있지만, 너무 불완전하다고 생각하여 1805년에 수정한 것이 두 번째 책인 을축본(乙丑本) 8권이다. 을축본이 반영하지 못한 형상을 새롭게 분석하고 대폭 수정해서 세 번째로 병인본(丙寅本) 16권을 완성했다. 이후에도 1807년 정묘년(丁卯年)에 정묘본 24권을 만들고 1808년에 다시 꼼꼼하게 수정해서 다섯 번째 책인 무진본(戊辰本) 24권을 완성했다.

다산은 《주역사전》 갑자본을 완성하고 친구 윤영희에게 설레는 마음으로 편지를 썼다. 《주역》에 입문하고 연구하게 된 과정, 그리고 《주역사전》에 관해서 절친한 친구에게 털어놓고 싶었기 때문이다.

"책이라는 이름이 붙은 것은 기가 꺾여 포기한 적이 없는데 오직 《주역》만은 바라보기만 해도 기가 꺾여 탐구하고자 하면서도 감히 손을 대지 못한 적이 여러 번 있었소. 상례에 관한 여러 책을 읽다 보니 주(周)나라의 옛 예법은 대부분 《춘추(春秋)》에서 증거를 취하였기에 《춘추좌전》을 읽기로 했소. 이왕 《춘추좌전》을 읽기로 하였으니 상례와 관련이 없는 것이라 해도 널리 보지 않을 수 없었소. 그러다 보니 《춘추좌전》에 실려 있는 나라의 복관(卜官)이 치는 관점(官占)의 법도에 대해 탐색하게 되었소.

깨닫는 바가 있는 듯하다가도 도리어 황홀하기도 하고 아득하여 도저히 그 통로를 찾을 수 없었소. 의심과 분한 마음이 교차하여 먹는 것을 그만두기까지 했소. 그래서 보던 《예서(隸書)》를 다 거두고 오로지 《주역》만 책상 위에 놓고서 마음을 가라앉히고 밤낮으로 깊이 탐색하였소. 계해년(癸亥年) 늦은 봄쯤 눈으로 보는 것, 손으로 만지는 것, 입으로 읊는 것, 마음으로 생각하는 것, 붓으로 쓰는 것에서부터 밥상을 대하고 화장실을 가고, 손가락을 움직이고 배를 문지르는 것까지 《주역》이 아닌 것이 없었소."

편지 일부만 봐도 다산이 얼마나 《주역》에 깊이 매료되고 푹 빠져서 연구에 매달렸는지 알 수 있다. 《주역》만 독파한 게 아니라 관련된 여러 서적을 다 읽고 방대한 공부를 계속해도 《주역》의 뜻을 다 알 수 없어서 의심과 분한 마음이 교차하였다고 전해진다.

다산은 실로 논리정연하고 체계적이고 독창적인 방법으로 《주역》을 해석했다. 대부분의 기존 역학자들은 유학자의 해석을 인용해서 주를 달거나 본문을 그대로 옮겼다. 다산은 기존의 방식에 만족하지 못했고 자신만의 독창성과 천재성에 따랐다. 그는 《주역》을 독창적으로 체계화시킨 역리사법(易理四法)으로 해석했다.

다산의 둘째 형 정약전(丁若銓)은 다산의 《주역사전》 읽고 찬탄했다.

"처음에는 놀라고 다음에는 기뻐하다가 마침내는 나도 모르게 무릎이 꿇어졌으니 미용(美庸, 다산의 자)을 어떤 부류에 비교해야 할지 알지 못하겠다."

그러나 그의 역리사법이 너무 독창적이었던 탓일까? 역리사법은 다산이 《주역》의 괘사(卦辭)와 효(爻)를 해석하는 데 사용한 네 가지 원리를 가리키는 용어로 추이(推移), 물상(物象), 호체(互體), 효변(爻變)을 가리킨다. 한 대(漢代)부터 상수(象數)학자들이 사용하던 방법이다. 일반적인 수준의 독자가 감당하기 벅차다. 그 사실을 다산 자신도 알았는지 두 아들에게 쓴 편지 〈시이자 가성(示二子 家誡)〉에서 이렇게 당부했다.

"《주역사전》은 그야말로 내가 하늘의 도움을 얻어 지어낸 문자이다. 결코 사람의 힘으로 통할 수 있거나 사람의 지혜나 생각으로 도달할 수 있는 바가 아니다. 이 책에 마음을 가라앉혀 깊이 생각하여 그 속에 담긴 오묘한 이치를 모두 통할 수 있는 사람이 있다면 그는 바로 나의 자손이나 친구가 되는 것이다. 그런 사람이 천년에 한 번 나오더라도 배 이상 정을 쏟아 애지중지할 것이다."

당시에도《주역사전》이 너무 난해해서 책을 본 학자들 가운데 일부는 악평을 쏟아냈다. 의리학파들은《주역》에 대한 다산의 해석이 논리적이고 체계적이긴 하나 너무 자의적이라고 지적했다. 다산은 악평을 듣고 섭섭하고 억울하다고 토로했다. 그만큼《주역사전》집필에 온 힘을 기울였고 그 어떤 저서보다 강한 애착을 느꼈기 때문이다.

그래서 '천명(天命)이 허락하지 않는다면 차라리 불태워버려도 좋겠지만 만약 내가 저술한 책 중에서《주역사전》과《상례사전》만이라도 전승한다면 나머지 책들은 그냥 없애버려도 좋겠다'고 했던 다산의 말은 오늘날에도 회자된다.

그러나 공자가 쓴《십익》에 다산의 해석 논리를 적용해 보면 하나도 어긋나는 법이 없으니 신통할 뿐이다. 우리가《주역사전》에 주목해야 할 점은 공자가《십익》에서 해석한 근거와 이유를 다산이 체계적으로 분석해서 밝혀냈다는 점이다. 이로써 정약용은《주역》의 이치를 관통한《주역》해석의 완결자임을 인정하지 않을 수 없다.

마지막으로 다산은《주역》이라는 저서가 세상에 나온 목적을 뭐라고 생각했을까? 공자가 말하길 '어진 이는 근심하지 않고 지혜로운 이는 미혹되지 않는다.'라고 했다. 우리가 타고난 천성에 인(仁)과 지(智)가 다 있다면 모든 사람이 근심하지 않고 미혹되지 않을 것이다. 어진 이와 지혜로운 이가 따로 구별되지도 않을 것이다. 하지만 아이러니하게도 인간은 선한 동시에 그에 못지않게 악하기도 하다.

　　다산은 인간이 선과 악을 끊임없이 선택해야 하는 존재라고 봤다. 또 선과 악의 기로에 서 있는 인간에게 요구되는 가장 중요한 덕목은 선한 욕망을 보존하는 것이라고 했다. 다산은 누구보다도 오랜 세월 동안 유배 생활을 해야 했고 자신의 삶에 닥친 역경에 관해서 사색하는 시간이 길었다. 선한 행동을 한다고 반드시 선한 결과가 나타나는 게 아니다. 선한 의지가 있고 선한 행위를 한다면 모두가 행복하게 살아야겠지만, 우리의 인생이 그렇듯이 반드시 길하고 행복하지만은 않다는 사실을 그의 삶이 직접 증명한 셈이다.

　　이러한 삶이《주역》을 바라보는 시선에 상당한 영향을 미쳤다. 길흉화복은 인간의 지성으로 예측할 수 없다. 그래서《주역》이 필요한 것이다. 다산은《주역》의 저작 목적과 저작 방법에 관해서 이렇게 말했다.

"《주역》은 왜 지어졌는가? 성인이 하늘의 명령을 청하여 그의 뜻에 따르기 위해 지었다. 무릇 일이 공정한 선에서 나와 반드시 하늘이 그를 도와 이루게 하고 복을 내릴 만한 것이라면 성인이 다시 청하지 않는다.

일이 공정한 선에서 나오지 않아 천리를 어기며 인륜의 기강을 해치는 것이라면 비록 반드시 그 일이 성공하여 눈앞의 복을 얻을지라도 성인이 다시 청하지 않는다. 오직 일이 공정한 선에서 나왔으나 성패와 회복을 거슬러 엿보아 헤아릴 수 없는 경우에만 청한다."

다산의 《주역》 해석법

《주역사전》은 다산이 저술한 500여 권의 책 중에서 가장 애착을 가졌던 책으로 알려져 있다. 다른 말로 《주역사법》, 《주역사해》로 부르기도 했다. 《주역사전》은 주역의 에너지를 해석하는 방법을 의미한다.

그런데 다산의 네 가지 해석 방법에 관해서 다룬 책은 거의 없다. 논문으로는 수십여 편이 존재하는데 그 정도로 내용이 어렵고 방대하다. 여기서는 간단하게 네 가지 해석 방법을 설명할 생각이다.

추이는 한대(漢代)의 상수학자(象數學者)들이 말한 괘변과 상통

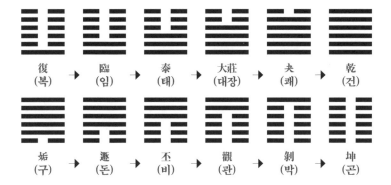

復 → 臨 → 泰 → 大莊 → 夬 → 乾
(복)   (임)   (태) (대장) (쾌)   (건)

姤 → 遯 → 否 → 觀 → 剝 → 坤
(구)   (돈)   (비)   (관)   (박)   (곤)

하는 개념으로 사용하고 있다. 다산은 주자, 주희의 괘변도(卦變圖)가 추이법에 의한 것이라고 밝히고 있다. 주역에는 총 64괘가 있는데 상수학자들이 64괘 중에 12괘를 특별히 선별하여 벽괘(壁卦, 군주가 되는 괘)로 분류했고 그것을 열두 달에 배합시켜서 자연운행과 괘를 일치시켰다.

벽괘로 분류된 12괘는 복(復), 임(臨), 태(泰), 대장(大壯), 쾌(夬), 건(乾), 구(姤), 돈(遯), 비(否), 관(觀), 박(剝), 곤(坤)이다. 이외에 나머지 50개의 괘를 연괘(衍卦)라 하면서 이를 12괘의 벽괘에서 옮겨간 것이라 했다.

주자가 벽괘를 정립했다면 다산은 열두 달의 12벽괘에 윤달을 추가하기 위해서 중부(中孚)괘와 소과(小過)괘를 더해서 14벽괘의 개념을 만들었다. 이 괘들은 군주의 역할을 담당한다. 예를 들어서 양효를 한 개만 가지고 있는 괘들은 복괘와 박괘에서 옮겨

온 것이고 다산은 이것을 추이라고 정의했다.

물상은 공자가 쓴《십익》의 설괘전(說卦傳)을 완벽하게 따르는 해석 방법론이다. 십익(十翼)은 공자가 주역을 해설한 책으로 십전(十傳)이라고도 부른다. 주역의 경문(經文)을 공자가 이론적, 철학적으로 해석했다고 전해지는 역(易)의 주석(註釋) 단전(彖傳) 상·하 2편, 상전(象傳) 상·하 2편, 계사전(繫辭傳) 상·하 2편, 문언전(文言傳), 설괘전(說卦傳), 서괘전(序卦傳), 잡괘전(雜卦傳) 7종 10편으로 이루어져 있다.

한대에서 상수학을 연구하던 상수학자들이 남긴 기록에는 상(象)에 대한 해석이 거의 없다시피 했다.

이후 위·진 시대에 이르러서 왕필(王弼)은 득의망상(得意妄想, 뜻을 얻었다면 상을 잊어라)을 외치며 상을 폐기하자고 주장했다. 이 시기를 지나면서 상수학이 쇠퇴했다고 보고 의리학(義理學)이 득세한다. 그러나 다시 주자에 이르러서 상수학이 부활하면서 상수학과 의리학이 균형을 이룬다.

다산은 상수학과 의리학의 조화를 추구하면서 설괘전에 의한 물상론을 완벽하게 분석하고 연구했다. 또 상수학에 기반한 의리역 해석을 시도하였다. 다산은 왕필과 주자의 의리적 해석에 대해서는 비판하지 않는다. 그러나 그들의 해석 방법론에 대해서는 비판한다.

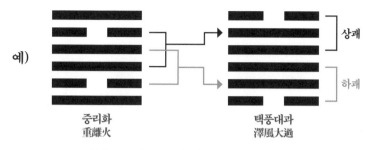

예)

중리화
重離火

택풍대과
澤風大過

상괘

하괘

실제 뽑은 것은 중리화, 해석은 택풍대과이다.

호체는 한대의 상수학자들도 사용하던 방법이다.《주역》의 64
괘 가운데 팔괘가 3획의 괘가 두 개가 만나고 서로 6획이 되는
것인데 이것을 상괘와 하괘의 조합으로만 보지 않고 입체적이고
다각적으로 다양한 방법으로 보는 것을 말한다. 호체는 호체(互
體), 대호(大互), 겸호(兼互), 도호(倒互), 위복(位伏), 반합(叛合), 양
호작괘(兩互作卦)로 구성되어 있다.

예를 들어서 호체 중에 겸체(兼體)는 6획을 두 획씩 묶어서 분
석하는 것이고 반합(叛合)은 상괘와 하괘 중에 하나의 괘만 뒤집
어 분석하는 것을 말한다. 다산은 호체법 중에서 자신만의 2, 3,
4 효와 3, 4, 5 효를 하괘와 상괘로 조합해서 보는 양호작괘의 특
별한 방법을 선보였다.

한대에는 상수학이 폐기되는 수준에 이르렀는데 이 이유가 괘
사와 효사의 물상과 설괘전의 물상이 서로 일치하지 않기 때문

이었다. 다산은 호체법을 제대로 분석하고 연구하여 이 불일치를 해소하고자 노력했다.

마지막 효변은 다산의 역해석의 핵심이다. 효변이란 변괘와 관련이 있는데 다산은 괘변이라는 용어를 추이로 대치했고 변괘(變卦)라는 용어를 효변으로 대치했다. 괘변에서는 음효와 양효의 위치의 변화가 중요하나 변괘에서는 음효와 양효의 위치 변화보다 음효와 양효 자체의 변화가 중요하다. 즉 음효가 양효로 변하고 양효가 음효로 변하는 해석 방법이기 때문에 역학사의 획기적인 시도였다.

다산은 그의 저서《여유당전서》에서 효변법이 송나라 도결(都潔)의《주역변체(周易變體)》에 기록돼 있다고 전해지나 직접 확인하지 못해서 안타까워했다. 또 주자의《역학계몽(易學啓蒙)》(송나라의 주희가 지은 주역에 관한 책)에도 효변이 소개되어 있으나 주자

예)
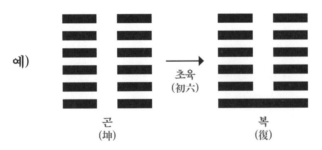

곤(坤)괘의 초육(제일 아랫칸)이 변해서 복(復)괘가 되었다

의《주역본의(周易本義)》에는 실제 해석에는 활용되지 않아서 다산은 이를 비판했다. 다산은 효변법을 통해서 설괘전의 물상과 괘효사의 물상 사이의 불일치를 확실하게 해소하고자 했다.

다산은 역을 해석하는 원칙을 체계적으로 정립했다. 또 해석 방법으로 추이, 물상, 호체, 효변을 활용한 역리사법을 제시했다. 이와 더불어서 교역(交易), 반역(反易), 변역(變易)의 삼역(三易)과 《독역요지(讀易要旨)》(송나라의 주희가 지은 주역의 주석서)의 18칙을 제시했다.

다산은《주역》해석 방법을 이론적으로 체계화시킴으로써 역의 괘사나 효사를 자의적으로 해석하는 데 따르는 혼란을 극복하고자 했다. 다산은 역이 만들어진 이유에 대해서 다음과 같이 생각했다.

"성인(聖人)이 하늘의 명(命)을 청하여 그 뜻에 따르기 위한 것이다."

_《주역사전》 중의 역론

인간은 자기 생각이나 의지가 그대로 실현되는 경우가 많지 않다. 또 자신의 판단과 행동이 분명하게 한계가 있음을 인식하고 살아간다. 그러므로 다산은 초월적인 주재자인 하늘에 명령이 무엇인지를 묻고(천명) 하늘의 명령을 깨닫고 따르고자(품명) 하는 신앙에 의해서 《주역》이 생겨났다고 봤다. 하늘의 명령을 묻는 방법이 바로 점을 치는 복서가 되고 주역은 하늘의 명령을 묻는 복서를 위해 만들어진 것이기에 《주역》은 복서를 위한 도구라고 할 수 있겠다.

《주역》 64괘 소개

◆**중천건(重天乾)** 건괘는 여섯 개의 양효(陽爻―)로 이루어졌다. 양기가 가득하고 하늘(天)을 상징하고 굳세고 건실하다. 주역에서는 강할수록 비우고 중용을 얻어야 한다.

상징키워드: 하늘, 아버지, 남자, 용기, 행동, 굳셈, 명예, 권력, 표현, 열정, 모험, 강함, 힘참, 남성성, 외향성, 실천, 일, 변혁적 리더십, 카리스마 리더십, 남성 리더십

◆**중지곤(重地坤)** 곤괘는 여섯 개의 음효(陰爻― ―)로 이루어졌다. 음기가 가득하고 땅(地)을 상징하고, 부드럽고 따뜻하다. 땅은 만물을 포용하고, 만물은 땅에서 태어나 크고 자라고 꽃피고 씨앗을 맺는다.

상징키워드: 땅, 어머니, 여자, 마음, 사랑, 교육, 복지, 안정, 안전, 섬세, 부드러운, 따뜻한, 여성성, 내향성, 배려, 휴식, 포용, 섬김 리더십, 포용적 리더십, 서번트 리더십 (Servant Leadership), 여성 리더십

◆**수뢰둔(水雷屯)** 둔(屯)괘는 상괘는 물이고, 하괘는
벼락으로 엄청난 장마를 머금은 먹구름이 천둥 번개
를 몰고 오는 형상이다. 부드러운 구름 속에서 굳센
천둥 번개가 치고 소낙비와 장맛비가 쏟아지는 형상
이다. 우레와 천둥 번개가 가득한 먹구름은 잠시 머물면 반드시 소낙비
(장맛비)를 몰고 온다. 잠시 머묾은 새로운 변화를 가져온다.

상징키워드: 머묾, 잠시, 출장, 임시, 진(陳)을 치다, 어렵다, 수비하다, 사춘기, 갱년기

◆**산수몽(山水蒙)** 몽(蒙)은 상괘는 산이요, 하괘는 물
로써 산속의 계곡물을 상징한다. 산은 큰 나무, 작은
나무, 풀, 꽃, 새, 짐승 등 다양한 동식물이 살아가는 공
간에 계곡물이 있어 산의 동식물을 살려주고 있는 형
상이다. 산을 살리는 계곡물, 산속의 동식물을 살리는 계곡물처럼 어린
이를 성장시키고 교육하는 것을 상징한다.

상징키워드: 배움, 교육, 깨닫다, 계몽, 어둡다, 어리석다, 어리다

◆**수천수(水天需)** 수(需)괘는 구름이 하늘로 오르는
형상이다. 땅에 있는 물이 수증기가 되어 하늘로 올라
가 구름이 된다. 이 구름은 때가 되고 기다리면 비가
되어 다시 돌아온다.

상징키워드: 기다리다, 쓰이다, 연약하다, 때를 기다리는 사람, 구하다, 음식

◆**천수송(天水訟)** 송(訟)괘는 하늘에서 비가 내리는 형상이다. 예로부터 비는 하늘의 심판이라 여겼다. 치수(治水)물을 잘 다스리는 임금이 성군이었다. 단전(彖傳)에서는 위는 강하고, 아래는 험하다 하여 송(訟)이라 하였다. 송(訟)의 한자는 말씀 언(言)과 공평할 공(公)으로 백성에게 두루두루 공평하게 하는 것, 즉 정치를 상징한다.

상징키워드: 소송, 다툼, 경쟁하다, 송사하다, 고소하다, 정치, 공적인 일

◆**지수사(地水師)** 사(師)괘는 땅 아래 물이 있는 형상이다. 지구의 대지 아래에 물이 충분히 있으니 나무, 풀, 곡식 등과 동물들이 성장하는데 여유롭고 평화롭고 충분하다.

땅 위의 만물을 성장시키는 물처럼 스승 또한 자신을 낮추고 우매한 사람들을 교육해 성장시키는 것을 상징한다.

상징키워드: 스승, 가르치다, 교육하다, 군인, 군사, 진보적, 좌측으로 기운

◆**수지비(水地比)** 비(比)괘는 상괘는 물, 하괘는 땅으로, 땅 위에 물이 있는 형상이다. 나무, 풀, 곡식, 동물이 성장해야 할 땅 위에 물이 있으니 이는 바다, 강, 호수, 연못, 시냇물, 논으로만 이루어진 땅이고 대지이다. 또는 땅 위에 구름이 가득한 형상이다.

땅 위에 물만 가득하거나 먹구름이 가득하다는 것은 높고 낮음도 없고
수평적이고 평등하고 나란한 것을 상징한다.

상징키워드: 친구, 나란히 하다, 견주다, 비교하다, 모방하다, 평등하다, 동등하다

◆ **풍천소축(風天小畜)** 소축(小畜)괘는 상괘는 바람이
고, 하괘는 하늘이다. 하늘 위에 바람이 불고 있는 형
상이다. 하늘에 바람이 불고 있다는 것은 장차 비가
내릴 것이니 땅에는 충분한 물이 공급되고 대지를 성

장할 수 있게 될 것이다. 그러나 아직은 구름이 없으니 큰 욕심을 부리
지 말고 때를 기다릴 때가 있기도 하다.

상징키워드: 적은 저축, 적게 쌓임, 조금씩 쌓아감, 욕심이 적음

◆ **천택리(天澤履)** 리(履)괘는 상괘는 하늘이고, 하괘
는 연못이다. 아래에는 연못이 있으나 하늘은 화창하
다. 연못의 물을 아껴 신중하게 활용하여야 한다. 조심
스럽게 밟아가는 리(履)와 같다.

상징키워드: 밟다, 신다, 신을 신다, 행하다, 신중하게 나아가다, 밟아가다, 신중하게 진
행하다, 조심스럽게 행동하다

◆**지천태(地天泰)** 태(泰)괘는 상괘는 땅이고 하괘는
하늘이다. 땅과 하늘의 자리를 바꾼 형상이다. 하늘이
땅의 자리로 땅이 하늘로 올라가 역지사지하고 있고
내가 네가 되고, 네가 내가 되어 남자가 여자를 이해
하고 여자가 남자를 이해하는 완벽한 소통의 형상이다.

상징키워드: 크다. 지나치다, 평안하다, 소통하다

◆**천지비(天地否)** 비(否)괘는 상괘는 하늘이고, 하괘
는 땅이다. 위는 하늘이고 남자이며, 아래는 땅이고 여
자이다. 각자 자기 자리를 주장하고 있다. 상대를 이해
하지 않고 소통하지 않고 제 생각과 위치에서 자신을
고집하고 주장하는 형상이다. 답답하고 막혀 있는 형상이다.

상징키워드: 아님, 아니다, 부정하다, 막히다

◆**천화동인(天火同人)** 동인(同人)괘는 상괘는 하늘이
요, 하괘는 불로 이루어져 있다. 하늘 아래 태양이 밝
게 떠 있으니 낮이고, 낮에는 사람들이 함께 모여서
일을 하고 삶을 살아간다고 하겠다.

상징키워드: 함께 사는 사람, 친구, 동업자, 직장 동료

◆**화천대유(火天大有)** 대유(大有) 괘는 상괘는 불이요, 하괘는 하늘로

이루어져 있다. 하늘 위에 태양이 밝게 떠 있어 천화
동인과 비슷한 형상이다. 하늘에 태양이 밝게 빛나니
많은 사람이 화려한 인생을 즐기게 되는 모습이다.

상징키워드: 큰일을 하는 사람, 크게 있는 사람, 큰 사업을 하는
사람, 큰 정치를 하는 사람

◆**지산겸(地山謙)** 겸(謙)괘는 상괘는 땅이 있고, 하괘
는 산으로 이루어져 있다. 산은 땅 위에 있는 것이 자
연의 이치이다. 지산겸은 산이 땅 아래에 숨겨져 있다.
산은 매우 웅장한데 그 힘은 땅속에 감추고 있다. 그
래서 자신을 함부로 드러내지 않고 겸손하다.

상징키워드: 겸손, 낮춤, 겸양, 사양하다, 겸손하다, 겸허하다

◆**뢰지예(雷地豫)** 예(豫)괘는 상괘는 벼락(우레)이
있고, 하괘는 땅으로 이루어져 있다. 마른하늘에 벼락
(우레)이 치고 있는 형상이니 곧이어 비가 쏟아질 것
을 예고하고 있다. 비를 미리 준비해야 한다.

상징키워드: 준비, 예비, 미리 앞서, 먼저, 기뻐하다, 준비하다, 예측하다

◆**택뢰수(澤雷隨)** 수(隨)괘는 상괘는 연못이고, 하괘는 벼락(우레)으
로 이루어져 있다. 연못 아래에서 벼락(우레)이 진동하니 연못의 물이

벼락(우레)의 진동에 따라 움직이고 있는 형상이다.
또한, 연못 아래에서 지진이 난 형상이기도 하다. 연못
은 아래의 진동에 따라 움직이니 나의 의지와 상관없
이 연못 아래의 진동에 따라야 한다.

상징키워드: 따르는, 따르다, 추종하는, 추종하다, 게으른, 게으르다, 손종하다

◆**산풍고(山風蠱)** 고(蠱)괘는 상괘는 산이고, 하괘는
바람으로 이루어져 있다. 산 아래에서 바람이 부니 습
하고, 쉽게 썩는다. 바람이 많이 부는 곳은 비도 많이
오고, 습한 것과 같다. 산에는 바람이 불지 않고 산 아
랫마을만 바람이 분다.

상징키워드: 썩은, 썩다, 벌레, 기생충, 질병, 좀먹을, 벌레 먹을, 부패한, 부정부패, 적폐

◆**지택림(地澤臨)** 림(臨)괘는 상괘는 땅이고, 하괘는
연못으로 이루어져 있다. 산의 계곡의 물들이 흘러 내
려와 산 아래 연못을 이루었으니 순리이고 정상이다.
산에서 내려온 물이 모여 연못을 이루고 이것이 마을
의 식수와 농사의 물로 쓰여 삼라만상의 생명수의 역할을 하고 시작의
역할을 한다.

상징키워드: 일하다, 일에 임하는 상황, 때가 무르익음, 기회, 타이밍, 나아갈
때, 순조로운 시기, 내려다보다, 다스리다, 통치하다, 어떤 사례나 일에 직면하다

◆**풍지관(風地觀)** 관(觀)괘는 상괘는 바람이고, 하괘 는 땅으로 이루어져 있다. 대지의 땅 위에 바람이 부 니 땅에는 식물이 자라고 동물이 뛰어노는 만물이 성 장하고 생명력이 싹트는 형상이다. 바람은 여론이고 민심이다. 땅 위를 떠도는 백성들의 여론과 민심을 잘 살핀다.

상징키워드: 보다, 보이게 하다, 보게 하다, 살펴보다, 보다, 통찰, 직관, 통찰하다

◆**화뢰서합(火雷筮嗑)** 서합(筮嗑)괘는 상괘는 불이 고, 하괘는 벼락(우레)으로 이루어졌다. 태양이 떠오 르는 마른하늘에 벼락이 떨어지는 형상으로 죄 없이 욕을 듣고, 뒷말에 시달리는 상황이 마른하늘에 벼락 맞는 기분이다.

상징키워드: 물다, 물어뜯다, 뒷말하다, 비방하다, 모함하다, 사기 치다, 시비, 구설

◆**산화비(山火賁)** 비(賁)괘는 상괘는 산이고, 하괘는 불로 이루어졌다. 산 아래서 불타오르고 있는 형상이 니 산 아래에서 꽃이 화려하게 피었거나 단풍이 붉게 물들었거나 하는 형상이다.

상징키워드: 꾸밀, 꾸미다, 크다, 품위 있는, 거대하다, 아름다움을 만들다, 달리다, 우 아한, 기품 있는 말과 모습을 꾸미다, 예의가 있다

◆**산지박(山地剝)** 박(剝)괘는 상괘는 산이고, 하괘는 땅으로 이루어졌다. 땅 위에 산으로 되어 있으니 산을 조금씩 개간해 나가야 사람이 살아갈 수 있는 터전을 만들어낼 수 있다. 그래서 깎을 박이라 하겠다.

상징키워드: 깎다, 벗기다, 벗겨지다

◆**지뢰복(地雷復)** 복(復)괘는 상괘는 땅이고, 하괘는 벼락(우레)으로 이루어졌다. 땅 아래에서 용암이 끓고 지진이 나서 땅이 뒤집혀 새롭게 시작하는 형상이다. 음이 다섯 개이고 양이 제일 아래에서 새롭게 시작되는 것이다.

상징키워드: 회복하다, 돌아가다, 돌아오다, 돌아올 복 또는 다시 부(復)

◆**천뢰무망(天雷无妄)** 무망(无妄)괘는 상괘는 하늘이고 하괘는 벼락으로 이루어져 있다. 마른하늘에 천둥, 번개, 벼락이 치는 모습이니 벼락에 맞지 않으려면 망령됨이 없어야 한다고 믿었다.

상징키워드: 망령됨이 없다, 어그러짐이 없다, 속임이 없다, 허망됨이 없다, 헛됨이 없다, 욕망이 없다.

◆**산천대축(山天大畜)** 대축(大畜)괘는 상괘는 산이고, 하괘는 하늘로

이루어져 있다. 산이 하늘에까지 올라가 있으니 엄청나게 쌓여 있는 모습을 형상하고 있다. 인간의 삶에서 커다랗게 쌓은 재물, 명예, 인기 등의 물질적인 것을 상징한다.

상징키워드: 크게 성공하다, 크게 축적하다, 커다란 재물, 엄청난 명예, 치솟는 인기

◆ **산뢰이(山雷頤)** 이(頤)괘는 상괘는 산이고, 하괘는 벼락으로 이루어졌다. 산 아래까지 벼락이 치는 상황이니 아기를 돌보고 기르듯이 몸과 마음가짐을 삼가야 한다. 여섯 효 중 가장 아래와 가장 위 효는 양이고

나머지 4개의 효는 음효로 입으로 음식을 씹는 모습의 형상이다. 어미가 음식을 씹어 아이에게 먹여 살리는 것을 상징한다.

상징키워드: 턱, 아래턱, 기르다, 돌보다

◆ **택풍대과(澤風大過)** 대과(大過)괘는 상괘는 연못이고 하괘는 바람으로 이루어졌다. 연못을 바람이 몰고 다니는 모습이다. 이는 엄청난 먹구름을 바람이 몰고 다니는 모습을 상징한다. 이는 강력한 태풍으로 장마

와 소낙비를 동반하여 농사를 짓거나 살아가는 데 지나친 모습이다.

상징키워드: 크게 지나치다, 지나치게 과함, 위기상황인, 과도한 확장, 너무 지나친, 도가 지나친, 커다란 실수, 커다란 과오

◆**중수감(重水坎)** 감(坎)괘는 상괘는 물이고, 하괘도 물로 이루어졌다. 장마나 태풍의 형상, 해일의 형상이라고 보면 되겠다. 물난리의 험한 상태에 빠진 것으로 보았다.

상징키워드: 구덩이, 위험한 상황, 함정, 위험, 불안정, 예측 불가능한, 위험한 조건, 어두운 감정

◆**중화리(重火離)** 리(離)괘는 상괘도 불이고, 하괘도 불로 이루어졌다. 하늘과 땅 모두 태양이 가득하여 뜨겁다. 무더운 날은 사람의 체온도 싫다. 또한, 불같은 사랑에는 집착이 동반한다. 집착은 반드시 헤어짐을 가져온다.

상징키워드: 이별, 헤어짐, 떠나다, 떼어놓다, 떨어지다, 곱다, 우아하다

◆**택산함(澤山咸)** 함(咸)괘는 상괘는 연못이고 하괘는 산으로 이루어졌다. 산에서 비를 만난 형상이다. 산에 내리는 비는 나무, 풀, 꽃, 동물에게 충분한 수분을 공급하고 산에 내린 비가 계곡을 타고 내려와 들판의 곡식을 성장시키니 온 세상이 사랑을 느낀다.

상징키워드: 다하다, 느끼다, 모두, 느낌, 연애하다, 두루 미치다, 널리 미치다, 진정한 사랑, 진심인 애정, 부드러워지다, 충만하다, 씹다, 물다, 같다, 덜다, 덜어내다, 짜다, 감

(感), 사랑하다

◆ **뇌풍항(雷風恒)** 항(恒)괘는 상괘는 벼락이고 하괘
는 바람으로 이루어졌다. 하늘에는 천둥 번개 벼락이
치고 땅에는 바람이 부는 형상이니 시간이 지나면서
먹구름은 물러나고 평상시의 평온한 날씨가 될 것이
다.

상징키워드: 항상, 항상성, 안정된, 평온한, 꾸준히, 변하지 않는, 언제나, 늘, 항구한, 변
함이 없는

◆ **천산둔(天山遯)** 둔(遯)괘는 상괘는 하늘이고, 하괘
는 산으로 이루어졌다. 산에서 하늘만 바라보이는 곳
이니 깊은 산속이다. 깊은 산속에서 숨어 있는 형상으
로 은둔하고 달아나 있는 괘이다.

상징키워드: 달아나다, 숨다, 은둔하다, 회피하다, 피하다

◆ **뇌천대장(雷天大壯)** 대장(大壯)괘는 상괘는 벼락
(우레)이고 하괘는 하늘로 이루어졌다. 하늘을 움직일
정도로 크게 벼락(우레)이 치는 모습이니 이는 앞장서
서 나서는 리더의 모습으로 형상화하였다.

상징키워드: 씩씩하다, 크게 씩씩하다, 바르게 씩씩하다, 강력한, 권위가 있는, 자신감

있는, 지도력 있는, 영향력 있는, 진정한 힘, 크고 강한 힘

◆**화지진(火地晋)** 진(晋)괘는 상괘는 불이고 하괘는
땅으로 이루어졌다. 땅 위에 태양이 밝게 떠 있는 형
상이다. 화창한 날씨에 열심히 일하고 활동하고 밀고
나가고 전진하면 된다.

상징키워드: 나아갈, 나아가다, 승진하는, 좋아지는

◆**지화명이(地火明夷)** 명이(明夷)괘는 상괘는 땅이
고, 하괘는 불로 이루어졌다. 땅 아래 뜨거운 용암으로
가득 차 있다. 언제나 폭발할 수 있는 열정과 욕망이
가득하다. 이(夷)는 동이족(한국인, 조선인)이다. 예로
부터 동이족은 총명하고 현명하다.

상징키워드: 현명한 사람, 명이(明夷), 현명한 동이족이다, 한국(코리아), 총명한 사람,
뛰어난 사람, 지혜로운 사람, 뛰어난 사람

◆**풍화가인(風火家人)** 가인(家人)괘는 상괘는 바람이
고, 하괘는 불로서 이루어졌다. 화창한 햇살 가득한 날
에 시원한 바람이 불고 있다. 바람 부는 마루와 정원에
온 가족이 나와서 햇볕을 쬐고 있는 풍요로운 풍경이다.

상징키워드: 집사람, 가족, 부부, 아내, 부인, 함께하는 사람

◆**화택규(火澤睽)** 규(睽)괘는 상괘는 불이고 하괘는
연못으로 이루어졌다. 연못으로 따뜻한 햇살이 비추
고 있다. 눈이 부셔서 세상을 게슴츠레한 눈으로 볼
수밖에 없다. 크게 눈 뜨고 바라보지 않고 실눈으로
세상을 보는 형상을 상징한다.

상징키워드: 엿보다, 욕심이 적다, 어긋나다, 반목하다, 불신하다, 부조화, 불일치, 오해
하다, 착오, 질투하다, 시기하다

◆**수산건(水山蹇)** 건(蹇)괘는 상괘는 물이고 하괘는
산으로 이루어졌다. 찰한과 발족이 만난 글자로 발이
꽁꽁 얼어 움직이기 힘들다. 산 위로 물이 쏟아지고
있다. 산에 엄청난 물을 쏟아붓는 형상이다. 폭우가 내
린다. 자칫 산사태가 날 수도 있다. 산 넘고 물을 넘어야 하는 어려움에
직면하여 다리를 절게 되는 형국이다.

상징키워드: 절뚝발이, 재빠르지 못하고 둔함, 발을 절다, 험난하다, 산 넘고 물 건너는
상황

◆**뇌수해(雷水解)** 해(解)괘는 상괘는 벼락이고 하괘
는 물로 이루어졌다. 천둥, 번개, 벼락이 치면서 비가
쏟아지는 형상이다. 벼락은 봄이고 물은 겨울이다. 겨
울이 봄을 만나 추위가 풀어지는 상태이다.

상징키워드: 풀다, 풀린다, 벗다, 해결된다, 깨닫다, 설명하다, 풀이하다, 해(解)칼을 가지고 소의 뿔을 해부하는 의미이니 잘 이해하다가 된다

◆**산택손(山澤損)** 손(損)괘는 상괘는 산이고 하괘는 연못으로 이루어졌다. 위에는 산이 있고 아래에는 연못이 있으니 산의 계곡을 통해서 산의 물을 연못으로 흘려 내려보낸다. 산에 물이 넘치면 산사태가 날
수 있으므로 산의 물들을 연못으로 나누어 줌으로써 마을에 물도 공급하고 들판에 물을 공급하여 순환의 작용을 한다.
상징키워드: 덜다, 줄이다, 줄다, 감소하다, 잃다, 손해를 보다, 덜어내다, 베풀다, 배려하다, 나눈다, 분배한다, 노블레스 오블리주

◆**풍뢰익(風雷益)** 익(益)괘는 상괘는 바람이고 하괘는 벼락으로 이루어졌다. 바람이 벼락을 몰고 오거나 아직은 비가 내리지 않는다. 비가 몰려올 것을 미리 준비할 시간을 주고 있으니 준비하고 대처만 잘한
다면 장차 비를 잘 활용하여 유익하게 사용할 수 있겠다.
상징키워드: 더하다, 이롭다, 유익하다, 넘치다, 늘어나다, 공유하다, 나누다, 풍요롭다, 이익이 있다

◆**택천쾌(澤天夬)** 쾌(夬)괘는 상괘는 연못이고, 하괘는 하늘로 이루어

졌다. 하늘 위에 연못이 있다는 것은 무엇을 상징하는 가? 하늘에 장차 비를 몰고 올 먹구름이 가득함을 보여주고 있다. 하늘 위의 먹구름을 보고 비가 오기 전에 미리 대비하고 결단해야 한다.

상징키워드: 터놓다, 정하다, 결정하다, 결단하다, 판단하다, 진행하다, 시작하다

◆**천풍구(天風姤)** 구(姤)괘는 상괘는 하늘이고 하괘는 바람으로 이루어졌다. 밝고 화창한 하늘 아래에서 바람이 부는 형상이다. 바람 부는 시원하고 좋은 날씨로 남녀 간의 만남이 성사되기 너무 좋은 풍경을 가지고 있다. 고로 만남의 괘이다.

상징키워드: 결혼하다, 만나다, 우아하다, 아름답다, 예쁘다, 추하다, 연애하다, 보기 흉하다, 이끌리다, 매력이 있다, 소통되다, 연결되다, 바람 피우다, 음란하다

◆**택지췌(澤地萃)** 췌(萃)괘는 상괘는 연못이고 하괘는 땅으로 이루어졌다. 땅 위에 연못이 있으니 연못의 물이 주변의 곡식과 나무와 꽃들과 풀들을 살리게 되니 동물들도 울창한 곡식과 숲을 찾아 모이게 된다.

땅 위에 연못이 있으면 생명수가 되고 수많은 동식물이 모이게 된다.

상징키워드: 모으다, 모이다, 이르다, 도달하다, 머금는다

◆**지풍승(地風升)** 승(升)괘는 상괘는 땅이고 하괘는 바람으로 이루어졌다. 땅 아래에서 바람이 불고 있으니 땅에 있는 수분들이 하늘로 오르게 되고 또한 땅 위의 나무와 꽃과 곡식 등의 열매가 하늘로 여기저기 날아오르게 된다.

상징키워드: 오르다, 승진하다, 발탁되다.

◆**택수곤(澤水困)** 곤(困)괘는 상괘는 연못이고 하괘는 물로 이루어졌다. 땅에는 물이 가득한데 하늘에는 아직도 먹구름이 가득하여 온 세상이 물바다이다. 당연히 곤란한 상황이 지속할 수밖에 없는 형상이다.

상징키워드: 곤란하다, 어렵다, 힘들다, 지치다

◆**수풍정(水風井)** 정(井)괘는 상괘는 물이고 하괘는 바람으로 이루어졌다. 물 아래 바람이 분다는 것은 숨 쉬는 물, 살아 있는 물을 상징한다. 우물은 땅 밑 바람(공기)이 드나드는 구멍에서 물이 흘러나와 우물이

생겨나는 것이다. 예로부터 우물은 마을의 공동재산이었다. 지금도 한강 물은 각 가정의 수도로 보내는데 이것이 바로 우물의 역할을 하는 것이다.

상징키워드: 우물, 우물 난간, 공동체 생활, 공유물건, 공공시설, 관공서, 국가공원

◆**택화혁(澤火革)** 혁(革)괘는 상괘는 연못이고 하괘는 불로 이루어졌다. 연못의 물을 불로 끓이는 형상이다. 엄청난 양의 연못을 불로 끓이는 것이 힘들지만 끓게 되면 엄청난 물이 펄펄 끓어서 넘쳐나게 되고 주변의 동식물을 삶아서 무에서 새로운 시작을 하게 만든다. 그것이 혁명이다.

상징키워드: 가죽, 혁명, 개혁, 변화, 혁신, 개혁하다, 새로운 변화, 개선하다, 혁신하다, 혁명하다

◆**화풍정(火風鼎)** 정(鼎)괘는 상괘는 불이고 하괘는 바람으로 이루어졌다. 아래에서 바람으로 불을 피우니 아궁이 화로의 모습이다. 바람으로 불을 피워 솥을 얹어 놓고 밥을 짓는다. 밥은 인간의 생명이요, 인간의 필수 요소이다.

상징키워드: 솥, 밥을 짓거나 국을 끓이는 그릇, 공동의 삶, 인간의 필수 의식주, 공동체, 기본소득, 기본복지

◆**중뢰진(重雷震)** 진(震)괘는 상괘는 벼락(우레)이고 하괘도 벼락으로 이루어졌다. 하늘도 땅도 천둥소리가 가득하니 세상이 진동하는 형상이다. 하늘이 요동치고 땅도 요동치는 놀랍고 또 놀랄 일인 것이다.

상징키워드: 우레, 천동, 벼락, 움직이다, 진동하다, 행동하다, 놀라다, 천둥소리가 천지

를 흔든다, 크게 천둥 치고 만물을 크게 요동시키며 발전시키는

◆**중산간(重山艮)** 간(艮)괘는 상괘도 산이고 하괘도 산으로 이루어졌다. 산 넘어 산(첩첩산중, 疊疊山中)으로 어려움에 어려움이 더해져 앞으로 나아가지 못하고 머무르고 멈추게 되는 형상이다

상징키워드: 그치다, 멈추다, 정지하다, 깜깜하다, 미래가 안 보인다

◆**풍산점(風山漸)** 점(漸)괘는 상괘는 바람이고 하괘는 산으로 이루어졌다. 산 위로 바람이 부니 산의 나무들과 꽃들의 씨앗이 멀리 퍼져나간다. 산의 나무와 꽃들이 점점 넓게 퍼지게 된다. 산 위에 부는 바람은 자연 번식의 최고의 바람이다.

상징키워드: 점점, 점차, 차츰, 번지다, 적시다

◆**뇌택귀매(雷澤歸妹)** 귀매(歸妹)괘는 상괘는 벼락이고 하괘는 연못으로 이루어졌다. 천둥 번개가 치고 물이 가득한 연못이 있고 연못은 태(兌)는 기쁨이고, 벼락(우레)은 진(震)이다. 기뻐서 소리치는 형상이고 연

못 위로 벼락이 번쩍이는 형상이다. 누이가 시집가는 모습이 너무 기뻐 벼락 치는 모습으로 형상화했다.

상징키워드: 새로운 창조, 결혼, 확장, 새로운 창업, 새로운 인연, 새로운 살림

◆**뇌화풍(雷火豊)** 풍(豊)괘는 상괘는 벼락이고 하괘
는 불로 이루어졌다. 햇살 가득한 날씨에 벼락이 몰려
오고 있다. 반가운 비 소식이다. 따뜻한 햇볕에 비까지
내린다면 들판의 곡식과 나무들에 더할 나위 없이 좋
다. 풍년은 저절로 오고, 기분 좋은 날씨를 형상하고 있다.

상징키워드: 풍년, 풍성한, 풍요로운, 번영, 넉넉한, 여유로운, 풍족한

◆**화산려(火山旅)** 려(旅)괘는 상괘는 불이고 하괘는
산으로 이루어졌다. 산 위에 태양이 떠 있는 형상으로
사람이 떠나기 좋은 날씨이다. 햇살 가득한 산을 넘어
떠나는 것이 바로 여행이고 나그네이다.

상징키워드: 나그네, 군대, 여행, 떠도는, 방랑자, 외교관, 즐거움, 여행하는

◆**중풍손(重風巽)** 손(巽)괘는 상괘도 바람이고 하괘
도 바람으로 이루어졌다. 바람이 부는 대로 순리대로
움직이듯이 공손하게 행동하고 바람이 세상 어디든
찾아가듯 세상과 소통하고 적응하는 형상의 괘이다.

상징키워드: 부드럽다, 유순하다, 공손하다, 온순하다, 사양하다

◆ **중택태(重澤兌)** 태(兌)괘는 상괘는 연못이고 하괘도 연못으로 이루어졌다. 연못에 가득 물이 차서 일렁이는 형상이다. 태(兌)라는 글자는 입 구(口) 위에 법령(양 콧망울에서 입가로 뻗어간 선)이 팔자(八字)로 뻗

어 있으니 사람이 활짝 웃을 때의 모습이다. 이는 기쁨, 기뻐하는 형상의 괘이다.

상징키워드: 기쁨, 기뻐하다, 바꾸다, 기쁘다, 날카롭다, 즐겁다, 모이다, 통하다

◆ **풍수환(風水渙)** 환(渙)괘는 상괘는 바람이고 하괘는 물로 이루어졌다. 바람이 불고 비가 내리는 형상이니 세상은 바람에 날리고 물과 함께 떠내려가서 제각각 흩어지고 분산된다. 바람에 날리고 물과 함께 흘러가는 형상을 상징하고 있다.

상징키워드: 흩어질, 흩어지다, 풀리다, 분산, 흩어짐, 어질다

◆ **수택절(水澤節)** 절(節)괘는 상괘는 물이고 하괘는 연못으로 이루어졌다. 연못으로 물이 계속 쏟아지고 있는 형상이니 연못의 둑이 무너질 수도 있다. 넘쳐나기 전에 신중해야 하고 절제해야 한다. 너무 과도한 욕심을 삼가야 넘쳐남을 방지할 수 있다.

상징키워드: 신중한, 인내하는, 절도가 있는, 절제하다, 절약하다, 한계, 한정, 억제하는,

참을성, 규칙, 제도, 마디

◆**풍택중부(風澤中孚)** 중부(中孚)괘는 상괘는 바람이
고 하괘는 연못으로 이루어졌다. 연못 위를 바람이 부
는 형상이다. 연못 위로 바람이 부니 적당한 습기를
머금은 바람이 세상의 만물과 상호 소통하고 생명력
을 불어넣어 준다.

상징키워드: 적당하게 믿음, 중용, 치우치지 않는 중간, 적당하게 활동하는, 알맞은 행
동, 마음을 비움, 위아래를 중재하는, 신중한, 위아래 소통하는

◆**뇌산소과(雷山小過)** 소과(小過)괘는 상괘는 벼락이
고 하괘는 산으로 이루어졌다. 산 위에만 천둥, 번개,
벼락이 치고 있는 형상이니 산에만 비가 내리고 있는
모습이다. 산에 나무들이 쓰러지고 산의 골짜기는 쓸

려 가지만, 산이 지키고 있으니 큰 사태가 나는 것을 막을 수 있다.

상징키워드: 작은 실수, 작은 지나침, 조금 지나친

◆**수화기제(水火旣濟)** 기제(旣濟)괘는 상괘는 물이고
하괘는 불로 이루어졌다. 오랜 가뭄 끝에 비가 내리는
형상이니 이제는 만물이 소생할 일만 남았다. 메마른
땅에 비가 내려온, 이미 건넌 것처럼 모든 것이 해결

되었다.

상징키워드 : 이미 건넜다, 이미 완성했다, 이미 해결했다

◆**화수미제(火水未濟)** 미제(未濟)괘는 상괘는 불이고
하괘는 물로 이루어졌다. 태양은 떠 있으나 물이 넘
쳐난다. 해일과 파도와 강의 범람 속에 태양이 비치는
형상이니 아직은 해결되지 못한 시간이 지나야 해결
됨을 상징한다.

상징키워드: 아직 건너지 못했다, 아직 완성하지 못했다, 아직 해결하지 못했다

오십의 주역공부

초판 1쇄 발행 2022년 5월 3일
초판 6쇄 발행 2022년 11월 1일

지은이 김동완
펴낸이 김선식

경영총괄 김은영
책임편집 박현미 **책임마케터** 김지우 **크로스교** 김현아
콘텐츠사업5팀장 박현미 **콘텐츠사업5팀** 차혜린, 마가림, 김현아, 이영진
편집관리팀 조세현, 백설희 **저작권팀** 한승빈, 김재원, 이슬
마케팅본부장 권장규 **마케팅2팀** 이고은, 김지우
미디어홍보본부장 정명찬 **미디어홍보본부** 김은지, 이소영
홍보팀 안지혜, 김민정, 오수미, 송현석
뉴미디어팀 허지호, 박지수, 임유나, 송희진, 홍수경
재무관리팀 하미선, 윤이경, 김재경, 안혜선, 이보람
인사총무팀 강미숙, 김혜진
제작관리팀 박상민, 최완규, 이지우, 김소영, 김진경, 양지환
물류관리팀 김형기, 김선진, 한유현, 민주홍, 전태환, 전태연, 양문현, 최창우

펴낸곳 다산북스 **출판등록** 2005년 12월 23일 제313-2005-00277호
주소 경기도 파주시 회동길 490 다산북스 파주사옥
전화 02-704-1724 **팩스** 02-703-2219 **이메일** dasanbooks@dasanbooks.com
홈페이지 www.dasan.group **블로그** blog.naver.com/dasan_books
종이 ㈜IPP **인쇄** 한영문화사 **코팅·후가공** 평창피앤지

ISBN 979-11-306-8988-3 (03150)

다산북스(DASANBOOKS)는 독자 여러분의 책에 관한 아이디어와 원고 투고를 기쁜 마음으로 기다리고 있습니다.
책 출간을 원하는 아이디어가 있으신 분은 다산북스 홈페이지 '투고원고'란으로 간단한 개요와 취지, 연락처 등을
보내주세요. 머뭇거리지 말고 문을 두드리세요.